Ingeniería emocional

Ramiro A. Calle

Ingeniería emocional

Prólogo de
RODRIGO RATO

mr · ediciones

Primera edición: enero de 2008

© 2008, Ramiro A. Calle
© 2008, Rodrigo Rato, por el prólogo
© 2008, Ediciones Martínez Roca, S. A.
Paseo de Recoletos, 4. 28001 Madrid
www.mrediciones.com
ISBN: 978-84-270-3415-0
Depósito legal: M. 52.914-2007
Preimpresión: J. A. Diseño Editorial, S. L.
Impresión: Brosmac, S. L.

Impreso en España – Printed in Spain

Índice

Para mi buena amiga y extraordinaria editora
Carmen Fernández de Blas,
con todo mi cariño y admiración

Agradecimientos

*E*stoy muy agradecido a mis alumnos del centro de yoga Shadak por la confianza que han depositado en mí a lo largo de casi cuatro décadas. Toda mi gratitud para Rodrigo Rato por su prólogo (que como me ha asegurado en comunicación personal, está escrito desde el corazón) y también por la confianza que me ha dispensado siendo mi alumno desde hace casi treinta años. Estoy muy agradecido asimismo al magnífico periodista, extraordinario y leal amigo, y maravillosa persona, Jesús Fonseca, que siempre se empeña en difundir lo mejor de las sabidurías de Oriente y de Occidente, que él mismo incorpora a todas sus actitudes vitales. No puedo dejar de expresar mi agradecimiento a mi hermano y entrañable amigo Miguel Ángel Calle, junto con el que llevo realizando la Tertulia Humanista en radio desde hace veinte años, moderados por ese magnífico profesional que es Federico Antonio Sánchez. Gracias muy expresivas a Cristina Tárrega por su generoso apoyo a mis actividades y mis libros, así como por su aliento·a las personas que padecen estados emocionales aflictivos y a las que atiende con toda dedicación en su programa de televisión. Hago extensivo mi agradecimiento a todo el formidable equipo editorial de Ediciones Martínez Roca. Mi gratitud para Isabel Morillo (directora del centro de yoga Argüelles), excelente profesora y osteópata. Asimismo al profesor de yoga mental Paulino Monje. Mi agradecimiento a mi buena amiga Nabiha Abdelhaq (directora para España y Portugal de la compañía Royal Jordanian), a Luis Piqueras y Rosa María Redondo, encantadoras personas de la Royal Jordanian.

No puedo dejar de expresar toda mi gratitud a mi buen amigo y fabuloso compañero de viaje por la India, José Miguel Juárez (editor de la *Guía del ocio*), por su valiosa cooperación en la difusión de mis obras y actividades profesionales.

Prólogo

No todas las cosas obvias, incluso las más simples, se perciben con claridad. Pero las cuestiones relacionadas con nuestra mente son, a menudo, causa de preocupación y de mucho más. Tampoco puede decirse que sea fácil nuestra capacidad para acercarnos a la mente de los demás.

Este libro le permitirá aproximarse a usted mismo y a su mente, sin necesidad de superar una barrera de conocimiento. Desde que conozco a Ramiro Calle, es decir, desde principios de los 80, he podido acercarme a su ciencia —el saber budista e hindú sobre la mente y el cuerpo— sin necesidad de sumergirme en una gran cantidad de conocimientos técnicos. Como Ramiro nos dice con frecuencia a sus alumnos, más vale un gramo de práctica que una tonelada de teoría.

Probablemente ninguno de ustedes discutirá el principio de que hay que conocerse a sí mismo. Además, los que tengan más añitos habrán descubierto que desde luego no hay nada como aprender de uno mismo. Observarse parecería lo obvio, pero las cosas resultan más difíciles, ¿verdad? ¿Por qué son los problemas tan distintos vistos en medio de la noche que durante el día? Nuestra propia sabiduría popular nos advierte de que desconfiemos de los pensamientos de la noche.

Y mucho más que nuestros refranes, nuestros ilustres pensadores y artistas nos hablan del «sueño de la razón», de la «loca de la casa», para indicarnos que desconfiemos de la capacidad de nuestra mente para guiarnos. Pero para casi todos nosotros ello es algo que nos supera. Sabemos instintivamente que nuestra mente con frecuencia nos induce a equivocarnos. Así, cuando aconsejamos a nuestros hijos que no decidan en caliente, que cuenten hasta diez antes de enfadarse, que no se acuesten disgustados con su pareja, es uno de los mejores ejemplos de los padres predicando lo que ellos no son capaces de hacer. En realidad, reconozcámoslo, nuestra mente nos arrastra.

Además, la mente es sin duda nuestra gran compañera, aunque no sea el yo real. Puede hacernos feliz, pero también impedirnos serlo. La vieja canción de Lennon y McCartney *Daytripper* nos hablaba de ello. ¿Quién no se ha dado cuenta en alguna ocasión de que algo se le ha pasado porque estaba pensando en el ayer, obsesionado en lo que fue y sin darse cuenta de lo que es? ¿Quién no vive con pensamientos que le impiden serenarse y aquietarse para resolver los verdaderos problemas? ¡Tantas veces nuestra fijación en ver las cosas sólo de una manera nos lleva a equivocarnos! Después lo descubrimos una y otra vez, pero ya no tiene remedio. Las cosas eran distintas y por no saber mirarlas adecuada y ecuánimemente cometimos errores. Vivimos deprisa, pero sin estar conscientes. Recordar lo que hemos hecho ayer, no digo ya hace una semana, nos permite apreciar la hiperactividad sin causa en la que vivimos muchos de nosotros.

Ramiro Calle y el yoga van a lograr que todo esto desaparezca; pues si lee este libro con toda atención, descubrirá que los cuidados que la mente necesita para limpiarse y serenarse no están lejos de su alcance. Es más, usted es el único que puede hacerlo.

El cuidado y la higiene de su mente son una buena costumbre y nadie llega tarde para aprenderla. Es cierto que se trata de una ciencia y una técnica lejanas a nosotros. Budistas e hindúes la crearon y la practican, y créame que merece la pena aprenderla.

Suponer que su respiración —lo más seguro para seguir viviendo— no tiene que ver con cómo se encuentre, es ir contra el sentido común. También aprender a limpiar su mente y tomar consciencia de usted le resultarán técnicas muy útiles para vivir consigo y enfrentarse a las situaciones que le ocurran. Dese un poquito de confianza en ser capaz de ordenarse a sí mismo.

Si hasta aquí estamos de acuerdo, le paso los trastos a Ramiro Calle. Enseña lo que es real y es un gran maestro.

No se trata de poner los pies por detrás de la cabeza, de dejar de respirar y de llevar las paredes del estómago hasta la columna vertebral. Puede que Ramiro lo haga, pero a usted no le hace falta. Y además también habrá tiempo para ello si le interesa llegar a conseguirlo. Tampoco se trata de tener una habitación en la que suene música india, resulte ultrasilenciosa y se queme incienso.

Este libro le orienta en su vida personal, laboral y cotidiana, y por tanto en lo que usted hace todos los días. Se le imparten instrucciones, actitudes y ejercicios. Incorporarlos no le cambiará la vida mañana, pero le dará un mejor control progresivo sobre usted mismo. Dese un respiro, ordene sus emociones y su mente, pero hágalo todos los días. Si consigue hacer de ello un hábito, irá avanzando paso a paso por la senda de la atención y la armonía. Sus instrumentos son su respiración, su mente y su yo. Su hábitat es usted. Piense que usted está siempre consigo mismo. No se huya.

RODRIGO RATO

Introducción

*L*a armonía es la verdadera dicha. También es bienestar, quietud, plenitud. La armonía es la vida misma, y cuanta más armonía hay más armónicamente fluye la vida. Por eso hay que tratar de llevar la armonía al cuerpo, a las energías, a la mente y a las actitudes, así como a la relación con las otras criaturas.

El trabajo sobre las emociones adquiere un carácter muy especial en la búsqueda y consecución de la armonía y el bienestar total, toda vez que la emoción, para bien o para mal, moviliza a la persona y le crea estados mentales y comportamientos beneficiosos o perjudiciales, provechosos o nocivos. Es de la mayor importancia, hacia la verdadera armonía y la satisfacción plena y la madurez emocional, saber desenvolverse con las emociones, actualizando y potenciando la sanas y tratando de mitigar, hasta su erradicación, las insanas. Todo ello supone una especie de ingeniería emocional que viene apoyada por todas las enseñanzas y métodos de los maestros más genuinos y los sabios más lúcidos, para poder construir un equilibrado andamiaje anímico, que reportará comportamientos mentales, emocionales y sociales más armónicos, y que le otorgará a la persona más plenitud vital, contento interior y equilibrio psicosomático.

Esta obra pretende aportar las milenarias enseñanzas de Oriente para el cultivo de la verdadera armonía en todos los órdenes y facilitar actitudes y métodos para conseguirla. En este sentido es una obra eminentemente práctica y, en la medida en que nos sirvamos de esas pautas de orientación y referencia y de las técnicas oportunas para ello, iremos obteniendo equilibrio para toda la unidad psicosomática y aprenderemos a vivir más armónicamente, acopiando valiosas energías para nuestro autodesarrollo y realización.

Recojo en esta obra la cita de importantes textos y sabios, así como antiguas historias espirituales que los maestros gustan de contar a sus discípulos, porque en muy pocas palabras encierran una gran sabiduría y mensajes de valor inestimable. Los dos últimos capítulos están dedicados a dos grandes sistemas para la consecución de la armonía interior y la liberación de las ataduras de la mente: el yoga y el zen, cuyas enseñanzas y métodos son muy eficientes y tienen un carácter realmente transformativo. No basta con decir hacia dónde hay que ir, sino que es necesario contar con los métodos oportunos y fiables para poder recorrer la senda hacia la calma mental y la armonía interior y poder completar la evolución consciente. En este sentido dos de las vías más reconocidas desde hace décadas en Occidente son el yoga y el zen, aunque el primero de ellos es un sistema infinitamente más rico, es el eje espiritual de todo Oriente y cuenta con el más formidable cuerpo de enseñanzas y procedimientos transformativos que uno pueda imaginar. Por fortuna también se está practicando cada día en mayor grado la verdadera meditación vipassana o de visión clara, que he desarrollado a fondo en mi obra *Enseñanzas de Vipassana*.

Buda fue uno de los hombres más despiertos de todas las épocas. Siempre insistió en que cada persona debe encender su propia lámpara interior. En la medida en que uno enciende esa lámpara, no sólo arroja luz sobre sí mismo, sino también sobre los demás. Cuando una persona madura y se equilibra, se favorece a sí misma y también a las otras criaturas. Es un propósito hermoso y merece la pena convertirlo en realidad.

RAMIRO CALLE
www.ramirocalle.com

I

El desarrollo humano

*D*esde que una persona está en el vientre de su madre comienza su desarrollo no sólo físico, sino mental y emocional. En cuanto nace empieza a ser diana de las influencias externas y también arrastra los códigos evolutivos y las propensiones genéticas. Dependiendo de su grado de sensibilidad y vulnerabilidad, el niño será más o menos herido, y dependiendo de que el entorno (familiar, escolar, social) sea más o menos armónico, se desarrollará de un modo más o menos armonizado.

Comoquiera que por lo general nadie escapa a sus condicionamientos evolutivos ni genéricos, ni tampoco a la atmósfera de la familia ni al ambiente escolar o social, rara es la persona que de forma espontánea completa su evolución consciente, se desarrolla armónicamente y madura. La mayoría de las personas son víctimas de nocivas influencias externas, no se desenvuelven armónicamente ni tampoco completan su desarrollo. Es cierto que hay personas que de modo natural tienen más aplomo, son más ecuánimes y sosegadas, pero la gran mayoría de los seres humanos quedan estancados en su proceso de evolución y la edad no es ni mucho menos signo de madurez mental y emocional.

Quien se estanca en su proceso y no madura, quien no lo completa, quien, en suma, no evoluciona conscientemente y acarrea numerosos complejos, carencias emocionales, inseguridad interna, ego no lo suficientemente controlado y maduro, inhibiciones, insuficiente autoconocimiento, heridas psíquicas diversas y represiones, padece, inevitablemente, signos y síntomas displacenteros, que pueden ser pscicosomáticos, psíquicos o emocionales, siendo muy diversa la gama, que puede ir desde la ansiedad a la depresión, los temores infundados y miedos, el tedio vital, la insatisfacción profunda y el descontento, la psicastenia, la pereza crónica, y desórdenes psicomáticos que pueden cursar como colon irritable, asma y tantos otros. Sin duda se paga un elevado diezmo a la inarmonía psicomental, y si una persona no sale de su estado de mediocridad emocional (mediocridad: a medio camino; proceso incompleto), arrastrará nocivos hábitos psíquicos, incontroladas y perniciosas reacciones emocionales, estados mentales aflictivos y, en suma, desdicha en mayor o menor grado de intensidad. De hecho, y con razón, se ha señalado que la neurosis es una detención del proceso psíquico de maduración, que da por resultado los enfoques incorrectos, la ausencia de equilibrada autovaloración, sentimientos de inferioridad o superioridad, orgullo neurótico y desproporcionado, imaginación negativa, nostalgias obsesivas del pasado y toda clase de subterfugios y autoengaños que si no se desenmascaran impiden la evolución consciente y la madurez, y, por tanto, el equilibrio interior y la armonía. La persona inmadura está interiormente dividida, sometida a condicionamientos de todo tipo que la lastran. Pero tengamos en cuenta que hasta que no ganamos la madurez mediante el trabajo interior o sobre nosotros mismos, todos estamos más o menos desarmonizados.

Dado que es muy raro hallar una persona que haya completado su desarrollo y obtenido la autorrealización de modo espontáneo y natural, lo único que asegura la culminación del proceso de autodesenvolvimiento y madurez es el trabajo interior sobre uno mismo, tema al que dedicaremos un capítulo entero por su enorme importancia existencial y práctica.

Desde la más remota antigüedad el ser humano se ha percatado de que lo más común es seguir un desarrollo inarmónico —debido a condicionamientos internos y externos— y que se queda a medio camino por un estancamiento de la consciencia. Ese semidesarrollo conlleva un estado de servidumbre, insatisfacción profunda, descontento, vacío e incluso angustia, y produce incapacidad para sentirse armónico y dichoso. Por ello, y desde hace muchos milenios, el ser humano ha concebido y ensayado métodos para poder completar el desarrollo consciente, superando las influencias nocivas y logrando una mente más penetrante, intuitiva, imperturbada, serena y lúcida, capaz de solventar muchos condicionamientos y conflictos, y así poder aspirar a un estado de verdadera dicha.

Mediante las enseñanzas y técnicas de autorrealización todo ser humano puede ir completando su desarrollo y hacerlo armónicamente, aprendiendo así a afrontar con mayor destreza, lucidez y ecuanimidad las vicisitudes inevitables de la vida y alcanzar una manera de ser más estable, madura, resistente y a la vez fluida, sagaz y armónica.

Lo que tenemos que entender es que la mente es desarrollable y perfeccionable y la consciencia puede entrenarse para hacerse más perceptiva, intensa, vital, lúcida, sosegada, ecuánime y compasiva. Pero hay que intentarlo e irse modificando para bien y así poder conquistar el equilibrio interno que favorecerá tanto a la propia persona como a aquellas otras con las que se relaciona. La misma mente que encadena es la que libera y en ella se encuentran muchas potencialidades que pueden servir de aliados en la senda hacia el equilibrio y la madurez emocional.

Realidad interior, realidad exterior

Le pregunté a un mentor de yoga quién es sabio, y repuso: «Aquel que sabe navegar en el océano de lo cotidiano y en el océano interior».

Tenemos que bregar con la vida. La vida es un reto o desafío, pero también un gran maestro. Hay muchas personas que no aprenden nunca, pero hay otras que no dejan de aprender hasta el último instante de su vida. Depende de la actitud, del grado de consciencia, de la motivación y el modo de relacionarse con la vida.

Hay una historia zen:

Un discípulo le pregunta a su maestro:

—¿Dónde está la santa verdad?

—En la vida de cada día —responde el mentor.

—Pero yo en la vida de cada día no veo verdad alguna.

Y el maestro asevera:

—Ésa es la diferencia: que unos la ven y otros no.

La vida de cada día... A veces monótona, repetitiva, injusta, pero más imprevisible de lo que en principio creemos. Es la vida. Un gran misterio, un misterio que en ocasiones parece pavoroso y en otras nos resulta fascinante, embriagador..., pero un gran misterio, por mucho que los científicos quieran explicárnoslo, por mucho que aprendamos de las leyes de la evolución. Pero no se trata de por qué se vive, sino para qué. En una ocasión le pregunté a un gran escritor y erudito de budismo si la vida tenía un sentido. Sin dudarlo un momento, repuso: «El que usted quiera darle», y rió, considerándome tal vez un ingenuo.

Fue hace muchos años, en Londres, él era Walpola Rahula, un monje de Sri Lanka. Aprendí la lección. Aparte de si la vida tiene o no un último sentido, el sentido, el propósito, el significado, se lo puede ir dando uno de instante en instante. Hay que aprender a estrenar cada día y a vivir cada minuto en armonía, como si fuera el primero y el último, en continuo aprendizaje, con una mente equilibrada, atenta y sosegada. No es fácil. Hay que entrenarse para ello, pero contamos con gran número de enseñanzas y métodos para irlo consiguiendo y para hacer de la vida una técnica de autodesarrollo y también un arte: el arte de vivir. Unos hacen de la vida un erial o un estercolero, y otros un vergel o un jardín. La vida la vive todo el que ha nacido, pero el arte del noble vivir hay que cultivarlo.

¿Qué caracteriza la vida exterior, esa vida de todos los días, esa vida a veces tan rutinaria que nos aburre porque no sabemos vivirla plácidamente, valorando cada situación inmediata y sacándole su enseñanza y energía? La vida exterior es una sucesión de circunstancias, situaciones, eventos o acontecimientos; la mayoría no son en apariencia muy relevantes, aunque uno tiene el poder de elevar al rango de sublime lo cotidiano. La vida nos va viviendo si no desarrollamos la consciencia, y los días discurren rápidamente, de manera muy mecánica, con sus momentos gratos y sus momentos ingratos, sus circunstancias favorables y desfavorables. La vida nos arrastra y acapara; a veces parece que somos nosotros los que elegimos, pero también nuestros condicionamientos internos y externos optan por nosotros. Hay una adagio que reza: «Cada vez que pones el pie en el suelo se abren mil caminos», pero los acontecimientos, además de nuestros propósitos más o menos firmes, nos llevan en una u otra dirección. Muchas veces tenemos la impresión de que controlamos muy poco o nada, pero al menos siempre podemos controlar nuestra actitud ante los acontecimientos. Otra historia:

Era un anciano al que nunca se le había visto desasosegado y hasta tal punto resultaba sorprendente su imperturbable calma que sus propios discípulos le preguntaron un día:

—Venerable anciano. ¿Qué haces para no perder nunca el equilibrio?

El mentor repuso:

—No hay gran secreto en ello, amigos. Cuando algo no puedo controlarlo en el exterior, al menos sé que puedo controlar mi actitud ante ello. ¡Hay tantas cosas que se nos escapan, que no podemos controlar! Pero siempre podremos controlar nuestra actitud ante todo ello y saber tomarlo con ecuanimidad y calma. Lo que tenéis que hacer es intentarlo.

¿Qué buscamos todos? Sentirnos bien, dicha, felicidad. Pero a menudo parece que lo hacemos muy mal y en lugar de practicar el yoga del bienestar, practicamos el del sufrimiento, y alimentamos desarmonía, desequilibrio, desdicha. Saboteamos nuestro propio bienestar y nos llenamos de profunda insatisfacción, frustración y desconcierto. ¿No parece a veces que nos comportamos con nosotros mismos como si fuéramos nuestros peores enemigos? ¿Qué decir de la mente? Una mente así no se la desearía uno a nadie: agitada, confusa, vehemente, insatisfecha, impaciente, añadiendo dolor al dolor, complicación a la complicación. Creemos que para sentirnos bien basta con atiborrarnos de estímulos, divertirnos y entretenernos, pero nos damos cuenta de que no es suficiente; algo falla. Más insatisfacción, frustraciones sin digerir, traumas, sentimiento exacerbado de soledad. ¿Cómo puede hallarse la dicha estable en lo que es tan contingente? Hay diversión y aburrimiento, encuentro y desencuentro, amor y desamor, amistad y enemistad, halago e insulto... Las alternancias, las vicisitudes de la vida, e incluso a menudo la dicha es el preámbulo de la desdicha. Y por mucho que juguemos al escondite con uno mismo, al final con uno mismo se topa. Más insatisfacción, más soledad, más desconcierto. La mente y sus tretas, esa mente que, como decía Kabir, es un fraude, una casa con un millón de puertas; ni siquiera parece nuestra mente. Sus trampas son muy numerosas: si ha conseguido algo, le aburre y se propone otro logro, pero si no lo consigue, se siente muy frustrada, insatisfecha, mortificada. Porque está siempre en lo que fue o puede ser, no aprecia lo que es, no lo vive intensamente, no aprende de ello. Siempre valora más lo que no tiene que lo que tiene, y se extravía en ensueños, ilusiones, acrobacias intelectuales, charloteos innecesarios..., ruido, ruido, ruido. ¡Vaya tipo de mente! Y los maestros declaran: «Si esa mente no te gusta, cámbiala».

O sea, que la vida son eventos. A veces el viento viene del este y a veces del oeste, a veces nos favorece y a veces nos desfavorece. El antiguo adagio reza que la vida se encarga de desbaratarlo todo. Como esperes a que todo esté bien te pasarás la vida esperando. Esos eventos a veces los podemos dominar o forzar y otros no, porque no se puede empujar el río ni detener un amanecer. El ego es muy controlador. Imaginemos una pulga sobre los lomos de un elefante. La pulga piensa en ir a la derecha y casualmente el elefante gira a la derecha, y la egocéntrica pulga piensa: «¡Cómo domino al elefante!». Unos minutos después el elefante estornuda, y ya me diréis dónde va la pulga. Pero siempre podemos, insisto, cambiar la actitud. Como decía el sabio Santideva: «Si tiene remedio,

¿por qué te preocupas? Si no tiene remedio, ¿por qué te preocupas?».

Antes o después, toda persona encuentra vicisitudes en su vida. Los problemas vienen, y a veces en tropel. Nadie puede evitarlo. Aun los mayores controladores, los más grandes manipuladores, se encuentran con esas sorpresas. La vida sigue siendo impredecible e imprevisible, por muy monótona que resulte, por mucho que el egocéntrico o el narcisista crea que lo tiene todo controlado.

Y ahora vayamos al otro océano, al de la vida interior. Ya hemos dicho algo sobre lo que caracteriza la vida exterior, hagámoslo sobre nuestra vida interior, la esfera anímica.

Nuestra vida interna, la más cercana y privativa, es un río de pensamientos, reacciones emocionales, hábitos psíquicos, estados de ánimo, recuerdos y fantasías, sentimientos y emociones, además de un gran número de condicionamientos subliminales o inconscientes que, desde la oscuridad del trasfondo de la mente, tienden sus hilos para controlar nuestra conducta mental, verbal y corporal, robándonos así dicha y bienestar interior.

Para progresar en la senda hacia el equilibrio, la persona que aspira a ello y que pone su voluntad en conseguirlo tiene que ir conociéndose paulatinamente y enfrentándose a muchos puntos ciegos que hay en cada uno de nosotros y que sólo después de numerosos intentos se pueden alumbrar. Uno mismo se interpone en el propio camino hacia el equilibrio, con sus resistencias psíquicas, sus autoengaños y escapismos; si bien por un lado uno de nuestros «yoes» nos impulsa (el impulso sagrado hacia la evolución consciente) hacia la evolución consciente y la madurez, otro de esos «yoes» se opone o crea resistencias y conflictos que hay que descubrir y desmantelar para que el camino quede expedito. Es una labor que exige seriedad y valentía, porque hay muchos aspectos de nosotros que no queremos ver y asumir porque todos tratamos de escapar mediante la idealización del yo y arrogándonos cualidades de las que carecemos. Por otro lado, todos utilizamos unos «salvavidas» que al final no nos salvan de nada, sino que entorpecen el proceso de maduración, y unas defensas que no sólo no nos defienden, sino que terminan por agredirnos y vulnerarnos; pero el inconsciente tiene sus propias leyes y, unas veces para bien y otras para mal, sabe imponerse al consciente y burlar la voluntad del aspirante a la transformación interior y la consecución del equilibrio.

El equilibrio es el punto equidistante entre los extremos. A ellos se refería Buda como las grandes emboscadas, las trampas; y por eso recomendaba esa vía media que se aparta de los extremos, es decir, de la desmesura, lo desorbitado, la reacción anómala y el desequilibrio.

El equilibrio es un modo de sentir, ser y «serse», relacionarse con uno mismo y con los demás. Es todo lo contrario que el desorden, la inarmonía, la reacción desorbitada e histriónica, la agitación y el desquiciamiento. Por eso el equilibrio es estar en un centro propio, en el propio ser, asido a uno mismo; y el desequilibrio es descentrarse, salirse del propio quicio o desquiciarse, extraviarse en reacciones desmesuradas. El equilibrio es el punto de quietud incluso en la inquietud, y de ahí que Buda recomendase: «Vivamos sosegados entre los que se desasosiegan». El equilibrio interior es como un centro de consciencia inafectado e imperturbado, que mantiene su inalterabilidad incluso ante los estados de ánimo fluctuantes, los pensamientos cambiantes y las contingentes influencias externas. Para poder velar por ese equilibrio, para custodiarlo, se requiere mucha consciencia de sí, autovigilancia, fortaleza anímica y la capacidad de no dejarse arrastrar ni arrebatar por los propios estados anímicos ni por las situaciones del exterior. Todo gira en una rueda, pero ese espacio que hay en su buje es el punto de quietud, lo que menos se perturba o modifica. Los yoguis samkya lo denominan lo inmóvil en lo móvil, y el sabio Nisargadatta declaraba:

En el ahora, tú eres a la vez lo que se mueve y lo inmóvil. Hasta ahora has pensado que tú eras lo que se movía y te has olvidado de lo que no se mueve. No tengas en cuenta lo que se mueve y te verás como la realidad inmutable y siempre presente, inexplicable, pero sólida como una roca.

Y también:

Las reacciones emocionales, nacidas de la ignorancia o de la distracción, no están nunca justificadas. Busca un espíritu claro y un corazón claro. Todo lo que necesitas es una vigilancia tranquila, sumergirte en tu naturaleza real. Es el único camino hacia la paz.

Incluso cuando el equilibrio se pierde, hay que reequilibrarse, como el hábil alambrista, que si se decanta hacia un lado corrige hacia el otro, y siempre recupera su centro de gravitación. En la vida habrá muchas ocasiones en que tendamos a desequilibrarnos e influencias que nos alteren, pero en esas circunstancias hay que saber reponerse y hallar ese centro de consciencia más inafectada que se sitúa más allá de las situaciones externas y de las fluctuaciones anímicas.

II

Signos de la ausencia de equilibrio

*H*asta que una persona no va obteniendo el equilibrio interno, madurando, evolucionando conscientemente y completando su desarrollo, experimenta una serie de síntomas, en mayor o menor grado, que son displacenteros o que le impiden desplegar todos sus potenciales y sentirse dueña de un bienestar verdadero. Es importante conocer estos signos y síntomas para poder estar más capacitado para ir debilitándolos y superándolos, y poder enfrentarse a ellos con las técnicas y herramientas que nos ofrecen las antiguas psicologías de Oriente. Muchos de estos síntomas lo son por inmadurez o porque la consciencia está en un estado de semidesarrollo. Cuando no se ha conquistado el equilibrio interior se presentan algunos de estos signos, que en sí mismos se van desvaneciendo o debilitando cuando uno se va conociendo y realizando, siendo más uno mismo y no viviendo sólo centrado en el yo social o el yo idealizado, porque precisamente ello ha cooperado en nuestro proceso neurótico, nos ha apartado de nosotros mismos y nos ha conducido muchas veces al abatimiento o incluso a la desesperación, ya que si no se gana el equilibrio interior, a los buenos momentos psíquicos seguirán otros más amargos y frustrantes. Son muy sinceras las palabras del gran psiquiatra Hubert Benoit (destacado estudioso del zen y la filosofía oriental):

Y me pregunto con tanta más curiosidad cuanto que siento en mí, ligada a esta falta de dominio sobre mí mismo, una angustia fundamental que mis sufrimientos «morales» manifiestan directamente, y con respecto a la cual mis alegrías no representan más que treguas momentáneas.

Los sabios de Oriente, y sobre todo de la India, han proporcionado enseñanzas, actitudes y métodos no sólo para recuperar el genuino yo y vivir desde el ser, sino también para resolver conflictos internos y reintegrar la psique. Eso lo supo ver precozmente el psiquiatra suizo Médard Boss, que llegó a afirmar:

El psicoterapeuta occidental sucumbe bajo sus pies, no teniendo por sostén más que una ciencia psicológica abstracta y prácticas terapéuticas problemáticas. Tomando cada vez mayor consciencia de esta deficiencia, fui conducido a pensar en la ciencia del hombre que posee la India y fui a comprobar su superioridad sobre nuestra psicología y nuestra psicopatología. Pues los mejores espíritus vienen reflexionando desde hace cuatro mil años, o más, a través de una tradición ininterrumpida, sobre la esencia del hombre y del mundo. Han consagrado a este conocimiento incomparablemente más tiempo y atención que el empleado por nuestra ciencia occidental en estudiar los fenómenos naturales exteriores.

En la medida en que uno se va conociendo, va desarticulando muchos procesos de inmadurez y neurosis, va recuperando su visión más lúcida sobre sí mismo y puede ir superando conflictos internos y desórdenes anímicos que configuran un núcleo de caos y confusión en la psiquis que no sólo nos limita, sino que nos perturba en mayor o menor grado, manifestándose los correspondientes síntomas. Como por lo general no se ha producido en la persona un desarrollo verdaderamente armónico y persiste la inmadurez, estos síntomas están presentes. También dependen del mayor o menor grado de inmadurez de cada persona y de su capacidad para progresar en la senda del autoconocimiento y su realización. Algunos de estos rasgos se manifiestan en unas personas y otros en otras, pero en tanto no se madura y se logra el equilibrio interior, siempre hay síntomas, de uno u otro tipo, que nos avisan de nuestra inmadurez; estos signos nacen del núcleo de caos y confusión que anidan en la psiquis y que hay que ir saneando mediante actitudes, métodos, técnicas introspectivas y superación de modelos mentales que engendran ofuscación y malestar.

La agitación de la mente y el pensamiento neurótico

Hay una historia bien conocida en las espiritualidades de Oriente:

Un discípulo acude a visitar a su mentor y le dice:

—Maestro, he decidido retirarme unos meses al bosque a acallar la mente y estar en recogimiento. ¿Me puedes dar un tema en el que reflexionar?

—Sírvete del que quieras —dice el mentor—, pero no pienses en monos.

El discípulo se dice a sí mismo: «¡Qué fácil me lo ha puesto el maestro! Anda que no hay cosas para pensar».

Se retira al bosque y meses después vuelve hasta donde está el maestro, que le pregunta:

—¿Qué tal te ha ido?

Desalentado, el discípulo contesta:

—Muy mal. No he podido hacer otra cosa que pensar en monos.

Así es la mente indómita, caótica, fuera del control de la consciencia y de la voluntad, sometida a los vendavales del apego y del odio, y a las influencias antagónicas del propio inconsciente, con su masa ingente de condicionamientos (samskaras) que irrumpen en la superficie y agitan el contenido mental, dando también paso al pensamiento neurótico.

El pensamiento neurótico es el que se rige (podríamos decir se mal rige) por el desorden, la ofuscación, la negatividad, la confusión, los antagonismos, los miedos y aprensiones, la división interna, las profundas contradicciones y ambivalencias. Es un síntoma de lo que se ha dado en llamar, de forma ambigua, «neurosis», que prefiero cambiar por inmadurez. La inmadurez también origina conductas inadecuadas, valoraciones falseadas y un cúmulo enorme de indecisiones, autoengaños, escapismos, tendencias de superioridad o inferioridad, autorreproches o autojustificaciones igualmente falaces, apreciaciones incorrectas y acciones torpes. Cuando la inmadurez es más pronunciada, pueden presentarse:

— Fobias, miedos irracionales, obsesiones.
— Disipación de energías, melancolía, anergia, indecisión crónica.
— Angustia, ansiedad, apatía, abatimiento.
— Tensión emocional y angustia difusa.

Orgullo desmesurado, narcisismo, resentimiento, soberbia, falta de autovaloración, autodesdén, miedo a la responsabilidad, inseguridad, desconfianza, suspicacias excesivas, incapacidad para una genuina relación humana y complicaciones emocionales muy diversas.

Tendencias contradictorias, sentimientos antagónicos y que causan angustia, carencia de iniciativa, tedio vital, insatisfacción profunda, descontento.

La ofuscación

La ofuscación es la ignorancia básica de la mente, y también confusión, desorden, desequilibrio, falta de visión clara y, por tanto, de entendimiento correcto. De la ofuscación sólo puede surgir ofuscación en pensamientos, palabras y obras. Es la fuente del apego y el odio, de los celos, la envidia, la rabia, el egocentrismo desmesurado, la pereza, la vanidad y tantas otras cualidades nocivas.

La ofuscación se caracteriza por la ausencia de comprensión clara y por ello conduce a la acción torpe o dañina. La ofuscación está en las antípodas de la sabiduría y es la que tinta la mente de agitación, incongruencia, desdicha, conflicto y malestar. Una mente ofuscada siempre está creando problemas y dificultades, generando tensiones y fricciones inútiles, engendrando constantemente conflictos desgarradores. Frena la evolución consciente, la claridad mental, la comprensión profunda, la acción correcta o conveniente.

Por ofuscación la persona se deja mal guiar por pensamientos y emociones nocivos, se deja arrastrar por desmesuradas reacciones de codicia y odio, y entonces, como reza el *Yoga Vasishtha*, «la débil luz de la razón se ve eclipsada por las sombrías nubes de las pasiones y codicias», sin que se pueda distinguir entre los justo y lo falso; pues la ofuscación es como una densa niebla de la mente que distorsiona la percepción y la cognición y conduce a la persona a un estado de falta de buen discernimiento que le permita distinguir entre lo verdadero y lo falso, lo esencial y lo trivial, lo profundo y lo superficial, lo real y lo adquirido.

La ofuscación impide la manifestación de la inteligencia primordial y de la sabiduría discriminatoria. Es un grave obstáculo en la senda hacia el equilibrio interior y el sosiego, y por eso es necesario poner todos los medios para irla disipando, pues de otro modo convierte la mente en un escenario de luces y sombras, con más sombras que luces; en ese estado se piensa, habla y actúa con mala orientación por ese fondo de desorden e incongruencia, entendimiento incorrecto y ausencia de visión clara. ¡Cuánta torpeza por culpa de la ofuscación! ¡Cuánto daño nos hacemos a nosotros y a los demás por la ofuscación!

La persona ofuscada se recrea en lo banal, insustancial e ilusorio, perdiendo de vista lo real y esencial. Vive de espaldas a su yo real, distanciándose del mismo, se va alienando y se enreda en toda clase de autoengaños, subterfugios y pensamientos y acciones insustanciales. Hay que reducir la ofuscación mediante el cultivo de la atención, la acción correcta, la genuina ética, la reflexión consciente, el discernimiento y la práctica de la meditación, pues como reza el *Dhammapada*: «Verdaderamente de la meditación brota la sabiduría. Sin meditación la sabiduría mengua».

Hay que ir obteniendo una transformación de la mente que permita ir extinguiendo la ofuscación, que tanta desdicha origina y que impide la conquista de lo ilusorio para poder evolucionar conscientemente.

Para los hindúes, la ofuscación de la mente es la ilusión fenoménica que perturba la percepción, por tanto la cognición y el proceder, y estrella la visión contra las apariencias, impidiendo captar la última realidad, pues el individuo se queda obnubilado por los destellos y proyecciones en lugar de aprehender lo real. La ofuscación nos engancha al ego, haciendo que dediquemos mucha energía y tiempo a mantener su densa y enojosa burocracia, lo que a la larga nos va alienando y desequilibrando, originando desagradables síntomas que lo evidencian, como la ansiedad, el abatimiento y tantos otros.

El desasosiego y la ansiedad

El desasosiego, en todas sus formas, es un obstáculo que hay que salvar. Produce un sentimiento de agitación, impaciencia, angustia, pesadumbre o ansiedad. Es el resultado no sólo de las influencias nocivas del exterior y de los contratiempos y circunstancias adversas, sino también del núcleo de caos y confusión que reside en uno mismo, así como de inadecuadas actitudes, puntos de vista y acciones y, por supuesto, de falta de autoconocimiento y madurez, que acarrean en la psique traumas, complejos, condicionamientos muy diversos, inhibiciones y frustraciones. También el apego y la aversión, que tanto lugar ocupan en la vida mental de la mayoría de las personas, son productores de ansiedad y, por supuesto, de miedo. La ansiedad y el miedo a menudo caminan codo con codo.

De acuerdo a su intensidad existen muchos grados de desasosiego, que puede cursar como ligera ansiedad o como angustia profunda. También muchas emociones negativas son causa de ansiedad, como los celos, la envidia, la soberbia y tantas otras.

Para reducir la ansiedad contamos con numerosas técnicas psicosomáticas y mentales, que van desde las del hatha-yoga o yoga psicofísico a las de la meditación. Lo importante es practicarlas con asiduidad. También hay que ir aprendiendo a canalizar sabiamente la ansiedad, poniéndola al servicio de una actividad artística o social, el mejoramiento humano y la elevación de la consciencia. En mi obra *El libro de la serenidad* hago referencia a muchas actitudes de gran eficacia para ir instrumentalizando la ansiedad en la búsqueda interior y para ir descendiendo su umbral y poder disfrutar del verdadero sosiego. Siempre les indico a mis alumnos que hay que cambiar, asimismo, muchos modelos y patrones mentales que inducen a la ansiedad en lugar de al sosiego.

El abatimiento y la depresión

El abatimiento puede ocasionar tristeza, melancolía, indolencia profunda, desmotivación y en último término depresión, que viene caracterizada por una incorregible desgana, anergia (falta de energía), desdicha y malestar. El abatimiento en sus diferentes formas siempre ha sido considerado un obstáculo, puesto que estanca la vitalidad, crea desgana profunda y origina estados de profunda tristeza que llegan a confundir la mente, distorsionar la percepción y, por tanto, oscurecer la cognición, lo que lleva a la acción torpe o desafortunada.

La práctica del hatha-yoga (yoga psicofísico) es extraordinariamente eficiente para prevenir e incluso ayudar a superar el abatimiento, puesto que las energías se potencian, encauzan y son mejor aprovechadas. Por supuesto, también es de gran utilidad en este sentido la asidua práctica de la meditación. Sirve de ayuda ejercitarse en las técnicas de control respiratorio y la relajación consciente y profunda. Hay que remotivarse con intereses vitales laudables y evitar la dispersión de energías con estados de ánimo sombríos. La actividad consciente también es coadyuvante, así como el desarrollo de las buenas relaciones y la amistad.

Hay una bella historia que dice:

En una ocasión, el primo y ayudante personal de Buda le preguntó:

—¿No es cierto, señor, que las tres cuartas partes de la vida deben ser la amistad?

Y Buda replicó:

—No, Ananda, no, las cuatro cuartas partes de la vida deben ser la amistad.

También cooperan las lecturas reconfortantes, el contacto con la naturaleza y atender a las cinco fuentes básicas de energía: alimentación sana, respiración correcta, descanso adecuado, sueño profundo y reparador y actitudes mentales sanas.

Hay que combatir los pensamientos nocivos mediante el cultivo de los positivos. También hay determinadas visualizaciones muy oportunas.

Hay que tratar de frenar todos los síntomas de abatimiento para no dejarse arrastrar por ellos hasta grados intensos, y en la medida de lo posible no abandonarse a la desidia que el abatimiento produce y combatirlo mediante la acción consciente y correcta y el ejercicio psicofísico. El abatimiento puede desencadenarse por dificultades en el exterior, como reacción anímica, o también surgir del propio universo interior desarmonizado o en el que persisten conflictos y desorden. El abatimiento, como la ansiedad y otros síntomas, es el resultado de nuestra falta de autoconocimiento y realización, equilibrio interno y sosiego. En el *Samyutta Nikaya* podemos leer:

«Un montón» de cosas nocivas: al hablar así de los cinco obstáculos se hablará de ellos correctamente. Porque son, verdaderamente, una total acumulación de cosas nocivas. ¿Cuáles son los cinco?: apego sensorial, malevolencia, pereza y desidia, desasosiego y ansiedad, y duda escéptica.

El tedio vital

El tedio vital es falta de interés por el transcurso de los acontecimientos, que no hay que confundir con el saludable y confortador desapego. El tedio es una forma de marcado aburrimiento o hastío, y a veces está muy asociado a la anergia, motivación, interés y vitalidad. Puede convertirse en un gran obstáculo cuando se pro-

duce, pues la persona se siente psíquicamente dismi-
nuida e incluso puede experimentar psicastenia o melancolía profunda. Conduce a la negligencia, la desidia,
la apatía y la tristeza poco creativa.

Hay que evitar dejarse llevar por el tedio, que también
es desequilibrante y herrumbra el ánimo, creando indolencia y holgazanería. Es necesario remotivarse, ser-
virse de la atención en cada momento, prevenir las rutinas internas y los hábitos psíquicos, renovar la visión
y actualizar las energías internas, mediante la práctica del
hatha-yoga, la meditación y el cultivo de intereses vitales creativos, que van desde las actividades artísticas hasta el servicio a los demás.

La falta de confianza en los propios potenciales

Tan nocivo es arrogarse cualidades positivas de las que
se carece (pues así nunca se tratará de buscarlas y afian-
zarlas) como desconfiar de los propios potenciales, es
decir, de la capacidad de actuar adecuadamente en los
momentos oportunos y de ser asistido por las adecuadas
fuerzas internas. La correcta autovaloración es necesaria, así como tener la certeza de que todos tenemos po-

tenciales, incluso insospechados, que en las situaciones o circunstancias difíciles acuden en nuestra ayuda, nos asisten, nos orientan y nos sirven de gran ayuda. Tendemos a pensar que ante esas situaciones no tenemos recursos o nos quedamos inermes o impotentes, pero no suele ser así porque el propio inconsciente dispone de sabiduría instintiva y sabe cómo reaccionar y poner en marcha una serie de «aliados» internos que a menudo menospreciamos y en los que no confiamos lo suficiente. La desconfianza en esos recursos produce incertidumbre, miedo, angustia y dispersión de las mejores energías.

Hay un adagio que reza: «Lo mejor de uno aparece cuando está contra las cuerdas».

En mi relato espiritual *El faquir* indico que a veces la vida se torna tan disparatada o dificultosa que es como caminar por la cuerda floja, que no tiene reglas fijas, y entonces tenemos que hacer uso de otro tipo de recursos, que están en uno mismo y suelen aflorar precisamente en esas ocasiones extremas.

Bien es cierto que si nos hemos ejercitado para conquistar el equilibrio interior, en esas situaciones tendremos más capacidad para poder mantenernos en el centro, y si nos descentramos, poder recuperarlo.

La verdadera autovaloración deviene a través del conocimiento de uno mismo y la confianza en que siempre estamos en desarrollo y evolución, y podemos poner los medios para ir desenvolviendo lo mejor y más armónico de nosotros mismos.

Preocupaciones y obsesiones

Las preocupaciones y obsesiones son muy mal alimento para la mente, porque roban sosiego y disipan importantes energías: tras las preocupaciones y obsesiones renuentes una persona puede llegar a sentirse verdaderamente extenuada. Hay que aprender a desidentificarse de tales procesos mentales enojosos y no dejarse arrebatar tanto por los mismos.

La preocupación hay que irla combatiendo mediante la ocupación consciente, que es lo que sirve, y dándonos cuenta de que preocuparse es anticiparse, desertiza el ánimo y nos fragmenta.

Las obsesiones juegan su función psicológica, por molestas que sean, y surgen hasta que se elimina el núcleo de caos y confusión dentro de uno mismo. Hay personas con un carácter más obsesivo, pero lo importante es al menos no obsesionarse porque uno tiene obsesiones.

Preocupaciones, obsesiones, otras «rarezas» del inconsciente, todo ello es porque falta todavía el equilibrio interior y la armonía, y esos indeseables huéspedes irán alejándose cuando la persona comience a estabilizarse y pueda disfrutar del equilibrio interno.

El ego inmaduro, el falso orgullo

El ego inmaduro siempre necesita afirmarse, ser aprobado, obtener consideración, envanecerse y alardear. Es muy vulnerable y por eso es fácilmente dañable, tendiendo a la suspicacia, la susceptibilidad, los estados pusilánimes, el sentimiento de rechazo. El ego inmaduro también conduce a la infatuación, la arrogancia, la vanidad y el falso orgullo.

La persona que no es suficientemente madura se deja llevar demasiado a menudo por un orgullo rayano en lo patológico, que la lleva a crear muchas tensiones y conflictos consigo misma y con los demás. Ese orgullo malentendido, resultado del narcisismo, se debe muchas veces a la fragmentación psíquica y a la compulsiva necesidad de ser aceptado y aprobado, incluso afirmado, y cuando no es así, esa persona se siente herida y cae en estados de agresividad, despotismo, desprecio a los demás o incluso autodesdén, pues ese tipo de orgullo patológico le hace sentirse unas veces muy superior y otras inferior, y altera sus estados anímicos y resiente la relación con los otros. Hay que trabajar por un ego maduro pero controlado, evitando las reacciones de soberbia, vanidad u orgullo, para ser más estable, seguro e invulnerable.

La incapacidad para ser uno mismo

No es raro que nuestros deseos sean los de los otros; que nuestras vidas sean las de otros muchos que nos las han inculcado; que vivamos en base a descripciones ajenas o de nuestro propio yo idealizado, sin ser uno mismo. El secreto está en convertirse en uno mismo, y ello es señal de gran madurez y garantía del equilibrio interior. Para eso hay que ir liberándose de esquemas, patrones, modelos y adoctrinamientos, y abandonar la mente vieja para que a cada instante pueda aflorar una mente nueva y que nos conecte más con nuestra verdadera realidad interna.

Hay mucho que desaprender para poder aprender desde la consciencia clara. Mucho que dejar para poder tomar otras cosas más auténticas. Se trata de un gran trabajo de autotransformación, pero necesario, porque las composturas sólo aumentan las lagunas psíquicas y no ayudan a nuestro verdadero ser interno, produciendo aún más alienación y desorden.

El conflicto

El conflicto es ambivalencia, contradicción, antagonismo, fricción y, por tanto, dolor, desgarramiento, desdicha. La mente conflictiva es como un frontón que constantemente rechaza, engendra malestar, crispación. Asimismo está el conflicto interior, esa lucha interna de tendencias contrapuestas que produce tanta inquietud, máxime cuando el conflicto es inconsciente; muchas veces es la división del yo o una multitud de tendencias que no se logran conciliar y son como ruedas dentadas que al no encajar chirrían. El conflicto da por resultado mucha ansiedad, angustia o desazón, que son síntomas que avisan del conflicto y exhortan a su resolución.

Mediante el autoconocimiento podemos ir descubriendo y resolviendo muchos conflictos y contradicciones y conciliarlos, armonizando tendencias contrapuestas que desgastan y crean malestar.

Hay conflictos muy básicos entre el tener y ser, el deseo y el deber, el placer y la contención, la necesidad de ser otro y el ser uno mismo, la tendencia a complacer en detrimento de uno, y todos los conflictos entre lo aparente y lo real, el yo idealizado y el ser verdadero, los deseos ajenos y los propios, la observancia y a la vez rechazo de modelos, y un largo etcétera que hay que ir descubriendo para superarlos o tratar de armonizarse. También las tendencias contrapuestas de amor-odio, atracción-rechazo, aceptación-aversión, y tantas otras que anegan el alma del individuo y que muchas veces, subterráneamente, pueden ir minando a la persona.

También se generan muchos conflictos en la relación con los demás, a los que muchas veces queremos pero no nos gustan cómo son o no les aceptamos, o nos despiertan a la vez atracción y rechazo. El conflicto se extiende como una espesa sombra en la vida psíquica y hay que irlo resolviendo en la medida que vamos conociéndonos y madurando. El conflicto se alimenta también de flagrantes contradicciones, que nos roban energía y sosiego.

La pereza y la desidia

Hay una historia muy significativa y no exenta de sentido del humor.

En una ocasión el abad de un monasterio se dirigió a uno de los monjes, que era muy perezoso, y le dijo:

—Quedas expulsado del monasterio.

—¿Por qué?

—Por fidelidad.

—Nunca he visto a nadie que sea expulsado por fidelidad —protestó airado el monje.

Y el abad dijo:

—Por fidelidad a tu holgazanería.

La pereza y la desidia son muy malas consejeras y compañeras. Debilitan, crean apatía crónica, paralizante indolencia, desvitalización y abandono. Impiden la observancia de cualquier disciplina y, desde luego, la espiritual. Van herrumbrando el carácter, afean el ánimo y desalientan. Hay que combatirlas mediante el esfuerzo, la observancia del trabajo interior, la disciplina y la actividad consciente.

Autoexigencia narcisista

Una exigencia razonable de sí mismo es positiva y constructiva e invita al perfeccionamiento, el mejoramiento y la conquista del equilibrio interior, pero la autoexigencia narcisista, siempre excesiva, sólo sirve para malgastar energías, desanimar a la larga y crear conflicto entre lo que se es o se puede llegar a ser con el trabajo interior y lo que uno imagina que es debido a su imagen narcisista o su yo idealizado.

Como la autoexigencia narcisista es una distorsión de la percepción sobre uno mismo y un esquema egocéntrico, sucede con frecuencia que la persona narcisista se exige mucho en aspectos que no debería hacerlo, y en los que verdaderamente son importantes no lo hace. Por otro lado, si se vive a partir del yo idealizado o la imagen narcisista se corre el riesgo cierto de alejarse cada vez más de uno mismo y no avanzar por la senda hacia la madurez y el equilibrio interior. Del mismo modo que hay que evitar la autoindulgencia excesiva, también hay que evitar la desmedida autoexigencia.

Autoindulgencia excesiva

Si nociva es la autoexigencia excesiva, no lo es menos la autoindulgencia excesiva, porque la persona que se autopretexta en demasía finalmente no sigue la senda del mejoramiento, se arroga cualidades de las que carece, no tiene recta aspiración ni motivación, se resigna a su propia ignorancia espiritual y no pone los medios para hacerse con el equilibrio interior. Las personas que padecen autoindulgencia excesiva son muy hábiles en toda clase de escapismos, subterfugios, pretextos falaces, justificaciones espurias y excusas, todo ello con el fin de no modificarse, permitirse todos los fallos y seguir encadenados en su autoclemencia desertizante. Esa autoindulgencia detiene el proceso de aprendizaje y evolución, no anima a liberarse de las negatividades y crea muchos puntos ciegos y resistencias al cambio en uno mismo.

La autoindulgencia excesiva también frena a la persona en su proceso de mejoramiento, autoexamen e indagación de sí, por lo que es un obstáculo no menor, pues impide verse a uno mismo como es, y así no hay la firme decisión de perfeccionarse y ganar el verdadero equilibrio interno. Se teje una impresionante urdimbre de autoengaños y el autoindulgente obtiene una visión muy distorsionada de sí mismo, de sus reacciones, intenciones y actitudes. Hay que ser más saludablemente autocrítico y tener la intrepidez de ver el lado difícil de uno mismo para tratar de irlo superando.

Apatía y desmotivación

Todas las personas conocen de primera mano ese estado de desánimo o desgana, a veces muy desagradable y casi insuperable, que es la apatía, que puede adquirir tintes muy intensos y neuróticos. La apatía es falta de interés vital o de motivación, y por eso apatía y desmotivación tienen muchos puntos en contacto, hasta tal grado que si la persona apática encuentra sólidas motivaciones empieza a salir de su apatía. Por eso es necesario llevar una disciplina consistente en tratar de motivarse. Para conseguirlo no faltan factores u objetos si uno cambia de actitud y se lo propone. La vida es corta, y lo peor es que a veces la apatía la hace larga y sigue siendo corta, pero si no hay motivación ni intereses vitales, se sucumbe a la desgana y a menudo al aburrimiento, e incluso a la pesadumbre. Hay que motivarse acentuando el sentido de la búsqueda interior, el amor a los seres queridos, el contacto con la naturaleza y otras formas que puedan encontrarse para acopiar energías y sentirse más vivo, pleno e interesado.

Impaciencia y compulsión

La impaciencia es una cualidad negativa muy común. Nada tiene que ver con la verdadera diligencia. Decía Milarepa: «Apresurémonos lentamente». Un buen consejo. La impaciencia nos urge sin necesidad, nos crea ansiedad y precipitación, nos impide saber esperar y hacer las cosas con precisión y esmero, y genera fricción y desdicha.

La impaciencia a veces se convierte en verdadera compulsión y nos incita a actuar precipitada e incluso insensatamente a nuestro pesar. Es un impulso muy poderoso e imperioso, que burla el control y la voluntad de la persona, y la descentra y desequilibra. Es signo de inmadurez y falta de saludable dominio.

La impaciencia es el resultado también de un enfoque incorrecto y de no tener la suficiente claridad de mente para saber esperar y darse cuenta de que muchas veces no se puede forzar el curso de los acontecimientos. Roba energías, aliena y llega a extenuar. Es una tendencia infantil, ya que el niño siempre quiere que todo sea en este momento y como él quiere que sea, pero la vida funciona de otro modo y muchas veces hay que esperar antes de que puedan producirse resultados, como una fruta requiere tiempo para madurar. No obstante, no es fácil superar la impaciencia.

Hay un cuento muy significativo:

He aquí que un mandarín es designado para asumir un puesto de muy alta responsabilidad. Llama a su gran amigo de la infancia para pedirle consejo y éste le dice:

—Sé paciente, muy paciente. Ése es mi consejo.

—Trataré de serlo.

—Tienes que ser paciente, muy paciente —insiste el amigo.

—Lo intentaré —dice el mandarín.

Un ratito después, el amigo insiste de nuevo:

—Tienes que ser paciente, muy paciente.

—Lo seré, lo seré —conviene el mandarín.

Transcurridos unos instantes, el amigo vuelve a insistir:

—Paciente, muy paciente.

Ya harto, el mandarín replica:

—Ya te he oído, no lo repitas más.

Y el amigo dice:

—Ya veo lo paciente que eres, ya lo veo.

El mandarín se sintió avergonzado, pero siempre recordó el consejo de su amigo y así pudo obtener mucho éxito en su importante misión.

Otra historia muy significativa al respecto es la de un hombre que plantó en su huerta brotes de soja.

Unos días después decidió ir a ver qué tal prosperaban y al contemplar que estaban muy poco crecidos, se dijo: «Voy a ayudarles un poco a crecer». Comenzó a estirar de ellos, uno a uno. Cuando al día siguiente fue a ver qué tal se habían desarrollado, pudo comprobar que todos estaban secos.

Reacciones emocionales anómalas

Habitualmente, salvo que se haya trabajado para quebrar ese circuito repetitivo, la persona se encuentra en una dimensión de consciencia muy reactiva, que se basa en las reacciones habituales y mecánicas de apego y aversión, atracción y aborrecimiento, lo que angosta la percepción y falsea la cognición. Hay que cuidar las reacciones emocionales y no dejar que se desmanden y se tornen desmesuradas, que es signo de desequilibrio e inarmonía, y sin duda el reflejo emocional que impera dentro de uno mismo. Nisargadatta explicaba:

Las reacciones emocionales, nacidas de la ignorancia o de la distracción, no están nunca justificadas. Busca un espíritu claro y un corazón claro. Todo lo que necesitas es una vigilancia tranquila, sumergirte en tu naturaleza real. Es el único camino hacia la paz.

Mediante autovigilancia, el autoconocimiento y el sano autocontrol, iremos logrando transformar las reac-

ciones emocionales mecánicas en emociones conscientes. La ecuanimidad nos será de una ayuda enorme para reequilibrarnos y no dejarnos arrastrar tanto
por reacciones de apego y aborrecimiento, pudiendo
encontrar el ángulo de quietud y equilibrio y viviendo con deleite pero sin tanto apego, y encarando el sufrimiento inevitable sin generar mayor desdicha inne-
cesaria.

Desórdenes del ego inmaduro

El ego te hace muy vulnerable y te causa mucha infelicidad. El ego tiene que ser controlado y evitar que se exa-
cerbe, pues si no comienza a dar muchos problemas y
te hace desdichado. Si vives demasiado para el ego, no
vives nada para tu verdadero ser; pero además el ego
comienza a tornarse muy exigente y hace la vida imposible al que está bajo su dominio. Hay muchos desórdenes propios de ego inmaduro, entre otros:

Suspicacia y susceptibilidad

La persona se torna muy vulnerable y tiene que defen-
derse. En realidad, lo vulnerable es su ego, siempre des-

confiando y con la compulsiva necesidad de afirmarse y ser considerado y lisonjeado. Un ego que siempre está en el afán desmesurado de ser aprobado y afirmado, por fuerza se siente unas veces susceptible y otras suspicaz.

Afán de consideración, afirmación y aprobación

El ego es muy voraz. Necesita constantemente alimentarse y su hambre no tiene fin. Nada le basta. Como quiere inflarse más y más, la persona egocéntrica necesita más consideración, afirmación, aprobación, y toda suerte de manifestaciones de envanecimiento. Al ego le encanta alardear. Le sucede lo mismo que al personaje de la siguiente historia:

Era un chacal que quería lucirse ante sus amigos chacales y envanecerse ante ellos. Para tal fin decidió meterse en la cuba de tinte de un tintorero. Después, de esta guisa, se presentó ante todos sus compañeros, que estallaron en sonoras risas. ¡Imagínese un chacal teñido! El buen animal aprendió al menos la lección: un chacal es un chacal y no había por qué avergonzarse de serlo, y no había hecho otra cosa, con su infatuación, que el ridículo.

Miedo al rechazo y al fracaso

El miedo al rechazo palpita en lo íntimo de toda persona, porque el ego se siente negado, desaprobado o ignorado. Esas heridas narcisistas son muy dolorosas y más cuanto más egocéntrica, vanidosa o soberbia es una persona. Todos deberíamos ejercitarnos en la humildad verdadera y ser capaces de valorar nuestro yo de tal forma que no nos importe que rechacen nuestro ego. Hay que ser como un muerto ante el halago y el insulto. Ya lo decía Buda, que no hay nadie en este mundo que no sea halagado por unos e insultado por otros. Lo mejor es ser impermeable a elogios y vituperios.

El miedo al fracaso es también propio del ego. A nadie le gusta fracasar, sobre todo por los patrones y modelos de esta sociedad, pero el fracaso nos enseña, nos curte, nos despierta y nos convierte en maestros. Lo que hay que hacer es no hundirse en la depresión ni dejarse abatir desmesuradamente, sino reponerse y volver a la empresa, al intento. En la vida, unas veces se triunfa y otras veces se fracasa, igual que hay éxito y derrota, ganancia y pérdida. La actitud de ecuanimidad es siempre de gran auxilio y nos ayuda a no perder nuestro centro o recuperarlo si nos extraviamos del mismo.

No viene de más recordar el adagio: «El que fracasa

una vez se decepciona, pero el que lo hace tres veces es un maestro».

El miedo a la soledad

El problema no es la soledad, sino el sentimiento exacerbado de soledad que desencadena también el miedo a la soledad. Todos nacemos solos y, por mucha gente que esté a nuestro alrededor, morimos solos. Todas las noches, aunque haya alguien cerca de nosotros, nos dormimos con nosotros mismos, y nuestros sueños son en soledad. Todo ser que siente está solo y hay que aprender a amigar con la soledad, relacionarse bien con ella e instrumentalizarla para actividades constructivas, para sentirse y vivirse a uno mismo y para poder atravesarla si llega el caso.

Cuanta más resistencia se genere con respecto a la soledad, más se intensifica el sentimiento de soledad. El sentimiento de soledad neurótico hace que la persona que se siente sola no pueda nunca estar a gusto consigo misma y tenga que estar parcheando o evadiéndose, pero antes o después uno siempre vuelve a encontrarse consigo y por eso es necesario convertir la soledad en constructiva y creativa.

III

Avidez y aversión

La avidez

La avidez es apego, aferramiento, codicia, avaricia, voracidad. Es una tendencia muy honda y enraizada en la mente de muchos seres humanos. Todo lo que surge de la avidez es nocivo y causa mucho daño ajeno, pero finalmente también propio, puesto que roba la paz interior, agita, crea servidumbres y todo tipo de miedos; es una «sed» que no cesa si no se trabaja seriamente sobre uno mismo para calmarla, pues de otro modo no tiene fin, es como el que tiene sed y sigue comiendo pescado en salazón.

La avidez ha creado todas las desigualdades del mundo, una sociedad desmesuradamente codiciosa y donde no deja de darse el engaño, la usura, la explotación y el embaucamiento. Es un manantial de dolor.

Como todos somos seres «sintientes», sentimos. Sentimos sensaciones gratas e ingratas y ante las gratas reaccionamos con apego y ante las ingratas con aversión, pero cuando nos vamos aficionando más y más a una sensación deleitosa, surge más y más aferramiento y por tanto adicción y servidumbre; nos hipoteca, llega a dominar y obsesionar, nos roba el equilibrio interior. Ese apego, inevitablemente, produce dolor y miedo. Es una identificación mecánica y ciega con lo agradable que finalmente acapara a la persona y le roba incluso el sentido. Cuando lo que nos apega es perdido o cambia, nos produce mucha desdicha. Como nada permanece eternamente, antes o después sucede; incluso la demanda excesiva de seguridad es un engaño de la mente, pues todo es inseguro y sólo es segura la transitoriedad.

Hay una historia:

Era un rey al que su astrólogo le dijo que moriría al término de siete días. Entonces el rey se mandó construir un búnker y el día sexto, a medianoche, se metió en el mismo, para protegerse de sus enemigos. Se tapiaron las puertas y ventanas y el monarca se sintió aliviado. Pero de repente comprobó que había una rendija en una de las ventanas. Con su propia saliva y el barro, hizo una masilla y cerró esa rendija. ¡Ahora sí que estaba seguro! Unos minutos después había muerto por falta de aire.

En el *Dhammapada* podemos leer: «Del placer nace el sufrimiento; del placer nace el miedo».

Hay que aprender a disfrutar sin apego, sin aferramiento, sin compulsión ni obsesión, sabiendo que todo es mudable.

Volviendo al *Dhammapada:*

Del apego surge el sufrimiento; del apego surge el miedo. Para aquel que está libre de apego, ni hay dolor ni mucho menos miedo.

Del aferramiento surge el sufrimiento; del aferramiento surge el miedo. Para aquel que está libre de aferramiento ni hay dolor ni mucho menos miedo.

¿De dónde surge el apego? Del contacto con la sensación que causa deleite y que al aficionarnos en exceso a él, termina por encadenarnos. Pero más allá, el apego brota de la ignorancia básica de la mente, de la ofuscación, porque es la que nos impide ver con claridad profunda que todo es mudable, impermanente, y que por tanto el desapego es un desatino, un gran despropósito. Pero se requiere una penetrativa visión de lo que es para poder ir mitigando el apego y liberándose del miedo. Apego y miedo derivan del ego. La codicia puede llegar a límites insospechados. Sobre ello hay una historia más que elocuente:

Era un pordiosero y cierto día se encontró con un amigo de la infancia, que se quedó espantado al ver el aspecto miserable del mendigo.

—¿Qué te ha sucedido?

—Las cosas no me han ido bien. Soy un pordiosero.

—Bueno, espero poder ayudarte. Resulta que a partir de cierto día mi dedo índice convierte en oro lo que toca.

El hombre tocó un ladrillo, lo convirtió en oro y se lo entregó al mendigo:

—Esto te podrá ayudar.

—Pero la vida es tan larga, tan larga... —se lamentó el mendigo.

Pasaban entonces al lado de una escultura que representaba un león. El hombre la tocó con su índice y la convirtió en oro.

—Ahora ya sí que no te faltará nada.

Pero el mendigo replicó:

—La vida es tan larga, tan larga...

—¿Qué puedo entonces hacer por ti? —preguntó el hombre.

Y el mendigo repuso:

—Regalarme tu dedo.

Aunque el apego es uno, hay muchos objetos a los que apegarse, y en última instancia todos roban libertad interior, pues, como reza el antiguo adagio, lo mismo te encadena un grillete de oro que de bronce. Hay apegos materiales y otros más sutiles, pero todos son apegos. Uno de los peores apegos es el que se tiene a las ideas, que conduce a menospreciar, insultar o herir a los que no piensan como uno. También está el apego al cuerpo, las propias tendencias, el nombre y tantos otros; los objetos del apego son innumerables.

El apego se retroalimenta con el pensamiento. Cuando el pensamiento se pone al servicio de lo que gusta y se obsesiona con ello, surge una masa enorme de apego, y por eso para ir frenando el apego es importante también el control del pensamiento.

En el *Anguttara Nikaya* se nos dice:

Arrebatadas por el apego, el odio y la ofuscación, perdido el gobierno de la propia mente, las personas se hacen daño a sí mismas, o hacen daño a los demás, o se hacen daño a sí mismas y a los demás, sufriendo toda clase de dolores y aflicciones. Pero el que se ha hartado del apego, el odio y la ofuscación no se hace daño a sí mismo, no hace daño a los demás, ni se hace daño a sí mismo y a los demás, y no sufre ninguna clase de dolor y aflicción.

Buda prevenía constantemente contra esos estados tan negativos de la mente, que hay que ir mitigando mediante el autoconocimiento y el control de sí mismo, la práctica de la meditación y la visión clara o discernimiento correcto. Aconsejaba a su hijo Rahula del siguiente modo:

Desarrolla la meditación sobre la benevolencia, Rahula, pues con ella se ahuyenta la mala voluntad. Desarrolla la meditación sobre la compasión, Rahula, pues con ella se ahuyenta la crueldad. Desarrolla la meditación sobre la alegría compartida, Rahula, pues con ella se ahuyenta la aversión. Desarrolla la meditación sobre la ecuanimidad, Rahula, pues con ella se ahuyenta el odio. Desarrolla la meditación sobre la impureza, Rahula, pues con ella se ahuyenta la concupiscencia. Desarrolla la meditación sobre la transitoriedad, Rahula, pues con ella se ahuyenta el orgullo del ego.

El cultivo de pensamientos y sentimientos de generosidad va también ayudando a debilitar la tendencia del apego, y por supuesto el desarrollo de la compasión. La avidez es un factor muy desequilibrante y una espina que hay que ir sacando de la mente para que pueda eclosionar la energía del desapego.

La aversión

Así como el apego es una inclinación hacia lo deleitoso, un aferramiento a la sensación placentera, la aversión es un rechazo hacia lo que desagrada, y termina por generar, si no se vigila, antipatía, rabia, aborrecimiento e incluso odio. Añade sufrimiento al sufrimiento, porque a la persona no le basta con experimentar algo desagradable sino que agrega la sensación mental hostil que incrementa el rechazo y pronuncia el aborrecimiento.

El odio es una de las energías y tendencias más nocivas del ser humano, pero podemos aprender a corregirlo a través de la visión clara y el cultivo de la compasión.

Es muy ilustrativa la historia de los dos siguientes amigos:

El país entró en guerra y dos amigos fueron alistados. Se perdió la guerra y fueron ingresados en un campo de concentración. Estuvieron allí dos años y cuando vino la paz, fueron liberados y cada uno organizó su vida en dos lugares diferentes del país. Pasaron diez años y un día se encontraron. Un amigo le preguntó al otro:

—¿Olvidaste ya a nuestros carceleros?

—Ni un solo día he dejado de odiarlos.

—En ese caso —dijo el amigo—, yo llevo diez años libre y tú doce encarcelado.

Hay que aprender, como aconsejaba Buda, a vivir sin odio entre los que odian, porque, como también él recordaba, hay una ley eterna, y es que el odio nunca será vencido por el odio, sino que tiene que ser vencido por el amor.

La aversión tiene muchos matices, desde la indignación hasta la crueldad manifiesta. Juega un papel muy destacado en la mente humana, porque todo aquello que nos procura algún disgusto o malestar, nos crea mucho rechazo e incluso ira. En el *Dhammapada* se nos aconseja:

A aquel que refrena el enfado que surge de la misma manera que el que controla una cuadriga tambaleante, a ése llamo yo conductor. Los demás aguantan meramente las riendas.

La rabia la podemos ejercer en pensamientos, palabras y obras. Es muy venenosa y de consecuencias imprevisibles. Hay que vigilarse para ir superando la tendencia de aversión, que también entronca con el ego y la ofuscación. La práctica de la meditación es de gran ayuda, porque es mediante la ecuanimidad que iremos mitigando esta nociva inclinación. Nos indica el *Dhammapada:*

Se destruyen todas las contaminaciones de aquellos que siempre están vigilantes, que se autodisciplinan día y noche y que se esfuerzan totalmente en alcanzar la iluminación.

No puede haber verdadero equilibrio interior mientras seamos zarandeados por los vendavales del apego y la aversión. Hay que irse ejercitando para saber ser uno mismo y estar en el propio centro, a pesar de ellos.

La parábola del dardo es excelente para reflexionarla y empezar a cambiar nuestra actitud con respecto a la aversión. Buda señalaba que el discípulo mal entrenado es como el que recibe un dardo y se queja, se lamenta, llora y grita. Ha recibido un dardo, pero él se pone otro. En cambio el discípulo bien entrenado recibe un dardo pero no se inquieta, grita, llora o se agita, con lo que sólo recibe un dardo, pero no añade el dardo creado por la sensación mental.

IV

Desequilibrio afectivo

*L*a falta de madurez se traslada siempre al ámbito de los afectos, antes o después, por mucho que la persona se empeñe en simular o fingir. Todo lo que hay dentro de uno emerge en la relación con los demás, máxime cuando se trata de personas cercanas o íntimas. Si no se está suficientemente integrado se incurre en lazos afectivos no suficientemente saludables y maduros y se dejará que la relación de afecto (cualquiera que sea: paterno-filial, de amigos, hermanos, pareja) se vea condicionada por perturbaciones que pueden, si no malograrla, sí perjudicarla.

No es fácil la relación entre personas, pero se dificulta más cuando los que se relacionan tienen carencias emocionales, huecos de soledad, expectativas inciertas o desmesuradas, afán de poseer y retener, tendencias neuróticas de celos, envidia, resentimiento, exigencias y reproches, impositivismos y modelos prejuiciados. En tal caso la relación se torna mucho más compleja y no es fácil convertirla en verdaderamente mutante y mutante, capacitada para tender lazos afectivos sanos, desde la interdependencia y no desde conductas dictadas por la inmadurez.

En principio no hay ninguna persona que no tenga que reequilibrar su vida afectiva, descubriendo para ello todos aquellos factores que tienden a desequilibrarla. En tal sentido, y una vez más, el autoconocimiento es necesario, porque de ese modo estaremos en condiciones de comprender con claridad qué tenemos que transformar y qué carencias y contradicciones ir resolviendo. Es signo de la inmadurez afectiva, las ambivalencias y conflictos emocionales que raras personas han logrado solucionar por completo y que tanta energía roban y tanto desconcierto, tribulación o incluso desgarramiento provocan.

Mediante la aplicación de la atención a sí mismo, que hace posible la saludable autovigilancia, podremos ver el lado más difícil de nuestra afectividad y descubrir aquellos hábitos psíquicos, reacciones emocionales y tendencias afectivas insanas o enrarecidas, para irlas modificando. En este autodescubrimiento nos percataremos del papel que juega el ego desmesurado o el narcisismo, que a menudo se interpone gravemente en las relaciones afectivas, las desequilibra e impide que se puedan tender lazos afectivos genuinos. El control sano también es imprescindible en toda relación, para poder ejercerlo sobre la palabra y los actos. Sin duda el cultivo de cualidades como la atención, la ecuanimidad, el sosiego y el contento nos prevendrán contra muchos desórdenes afectivos y desequilibrios en la relación. Es mediante una atención vigilante que tendremos que ir descubriendo nuestros comportamientos inmaduros y, mediante el esfuerzo bien dosificado y la comprensión, tratando de corregirlos. De otro modo siempre estaremos perjudicando las relaciones afectivas y adoptando conductas inmaduras, las más comunes de ellas son las siguientes:

Afán de dominio

La persona trata de imponerse, a veces incluso a conductas verdaderamente ladinas, extorsionantes, embaucadoras o en el peor de los casos agresivas. No considera a los demás por sí mismos y puede llegar a menospreciarlos, denigrarlos o desdeñarlos. No es una actitud nada cooperante ni permisiva, sino muy egoísta; es el resultado del ego inmaduro o desequilibrado y el narcisismo. Los que incurren en el afán de dominio pueden llegar a considerar a las otras personas como objetos de su propiedad. Esa tendencia neurótica se encubre o maquilla a veces como paternalismo o interés, pero no tiene la menor traza de altruista. Hay grandes manipuladores que en su apariencia son incluso encantadores, dúctiles y humildes, pero todo ello es un disfraz.

Dependencia excesiva

Puede llevar a la docilidad e incluso la obediencia ciega y la abyección. Sin llegar empero a este extremo, la persona depende en exceso de los demás y para poder atraer su atención, consideración y cuidados representa este papel de debilidad y docilidad, que a veces no es más que una burda máscara y un descarado intento por hacerse notar desde ahí o incluso manipular.

Desapego afectivo

Corresponde a aquellas personas que tienden a aislarse o se tornan casi afectivamente anestésicas y parece que nadie les importa o se muestran muy frías, distantes e incluso adustas u hoscas.

Actitud simbiótica

Propia de las personas que se identifican ciegamente y dependen enormemente de modo psicológico unas de otras, hasta tal punto que carecen de espacio propio y no abren las puertas afectivas a nadie que no sea al simbiotizado, con lo que la relación se estrecha y se enrarece.

La persona que va ganando madurez y equilibrio afectivo cultiva actitudes más sanas, cooperantes, independientes e interdependientes, basadas en la igualdad, la sinceridad, la generosidad, la franca disponibilidad y el genuino afecto, todo ello iluminado por la tolerancia y el respeto, pero sabiendo también velar por ella misma y hacer compatibles los intereses propios con los ajenos.

V

El trabajo interior

*T*iene sus leyes, sus ejercicios, su claves y es de gran alcance si se lleva a cabo rigurosamente, pues permite desarrollarse armónicamente, madurar, seguir la senda del equilibrio interior y hacer posible la verdadera transformación que conlleva sosiego, lucidez y compasión.

Este trabajo interior, que se aplica sobre uno mismo para actualizar el lado más saludable de la psicología y poder despojarse de las tendencias inmaduras, es de gran alcance, puesto que se empeña en modificar hábitos psíquicos, reacciones emocionales, conductas insanas y repetitivas y, sobre todo, reorganizar de tal modo la psiquis que se superen los modelos mentales que engendran desdicha y se eliminen muchos condicionamientos que lastran a la persona y le impiden su desarrollo armónico.

El trabajo interior ha sido emprendido por los más grandes maestros de la mente, y sus enseñanzas, nacidas de la propia experiencia, nos han sido brindadas desde muy antaño, asociadas —he aquí lo más importante y transformativo— a métodos verificados por ellos mismos y que permiten incorporar estas enseñanzas a la vida diaria y que no se quedan en simples actitudes filosóficas o metafísicas, o en un puñado de creencias no transformadoras, que lo que verdaderamente transforma y libera —y eso define al trabajo interior— es la experiencia adquirida mediante un entrenamiento paciente.

El trabajo interior es un viaje hacia adentro, para examinarse, conocerse, transformarse y realizarse; entendemos por realizarse hacerse verdaderamente real, es decir, con lo más real, y no adquirido, de uno mismo. Para ello hay que desenmascararse y verse como uno es, no arrogándose cualidades de las que se carecen ni creando una espesa y alambicada urdimbre de autoengaños, justificaciones, pensamientos neuróticos, racionalizaciones y pretextos, ya que todo eso retrasa el proceso de maduración o lo estanca, y la persona sigue acarreando así sus conflictos internos básicos y desplegando una fina inteligencia neurótica para pretextarse y seguir alimentando conductas insanas, basadas en el narcisismo o el autodesdén, el sentimiento de inferioridad o de superioridad y la imaginación descontrolada; y neurotizando los comportamientos inmaduros, los escapismos y las inclinaciones desequilibrantes, además de todas las resistencias al cambio interior y la incapacidad para alumbrar los puntos ciegos que son escollos que impiden un avance definitivo.

Porque no es fácil mover el eje de la mente cosificada y que ésta pueda obtener percepciones y cogniciones más perspicaces, es necesario un método disciplinado, lo que los yoguis denominan el sadhana o entrenamiento. Esta praxis debe ir asociada preferiblemente a:

- Actitudes correctas y sanas.
- Enfoques precisos.
- El despliegue de la atención consciente.
- Lucidez
- Mejoramiento en la relación con uno mismo y con los demás.
- Genuina ética.
- Discernimiento correcto.
- Búsqueda interior y autoconocimiento.

Claro que para todo ello está también el sadhana, que se convierte así, además de en entrenamiento, en soporte, mapa espiritual, itinerario certero en el trabajo interior, pues subsume la esencia de la enseñanza y lo mejor de los grandes mentores y sabios.

El trabajo sobre uno mismo, que se lleva a cabo también en la vida diaria, en el corazón de la existencia cotidiana, sirve para irse completando y para provocar le evolución consciente, pero encuentra no pocos obstáculos que hay que ir salvando y a veces se producen retrocesos, aparentes, que pueden desanimar al practicante. Mas si este trabajo es perseverante, no dejará de proseguirse por la senda hacia el equilibrio interior, aunque a veces parezca que se ha tomado otro derrotero y, desfallecido, uno comience a preguntarse si está procediendo adecuadamente o si avanza o está detenido o si incluso es poco factible hallar ese equilibrio interior tan anhelado.

En una ocasión un discípulo, angustiado, le expuso al maestro:

—Maestro, no puedo dejar de peguntarme si estoy en la senda de la Sabiduría.

Y el maestro repuso:

—No te preocupes, en cuanto estés no te lo preguntarás, así que sigue trabajando.

Los discípulos no pueden a veces mantener la confianza en el trabajo interior, pero hay que remotivarse y no dejar la práctica, pues como reseño en mi relato *En busca del faquir*, el deber de un aprendiz es seguir aprendiendo. Por eso mismo uno es un aprendiz. Un discípulo estaba paseando con su mentor y dijo:

—Maestro, ¿cómo puedo ver la Verdad?
El mentor preguntó a su vez:
—¿Ves aquellos árboles, aquellas montañas?
—No te pregunto por árboles o montañas —replicó irritado el discípulo.
—¿Y cómo quieres ver la Verdad si no eres capaz de ver ni siquiera los árboles y las montañas?

Es humano desanimarse o verse sometido al sentimiento de urgencia, pero no hay atajos para llegar al cielo, y si alguien te dice lo contrario, desconfía de él.

El trabajo interior también tiene su programa, aunque es flexible y cada persona debe irlo reelaborando para sí misma. Desde que estoy en la enseñanza, propongo a modo de conveniencia e inspiración el siguiente:

1) Práctica de las técnicas del hatha-yoga para atender al cuerpo y llevar a cabo el trabajo consciente psicosomático, toda vez que el trabajo interior exige un de-

sarrollo integral en el que se involucra sabiamente el cuerpo, pues el organismo equilibrado y saludable es un instrumento magnífico para la consciencia y de otro modo puede convertirse en un gran estorbo.

Con su particular lenguaje místico, Ramakrishna explicaba:

> Este templo, el cuerpo, no debe dejarse a oscuras; se debe encender en él la lámpara del Conocimiento. Enciende la lámpara del Conocimiento en tu cámara interior y contempla allí el rostro de la Divina Madre.

El acceso al cuerpo se puede hacer mediante el hatha-yoga y mediante técnicas de meditación que se sirven del cuerpo a tal fin. Y Yogananda, por su parte, especificaba:

> Así como el árbol, al arder, revela la presencia del fuego, así también el maravilloso mecanismo del cuerpo humano revela la presencia original del espíritu.

Hay que amigar con el cuerpo el trabajo sobre uno mismo y utilizarlo como instrumento de crecimiento. Es un don conectar con su sabiduría y poder hacer del cuerpo un aliado en la búsqueda del equilibrio. Además, hay que equilibrar el propio cuerpo, desde su química a sus órganos, así como sus energías. Por eso se insiste tanto en la necesidad de una alimentación pura, una respiración correcta, el descanso oportuno y el sueño profundo y reparador.

2) Práctica de las técnicas de concentración y meditación, es decir, entrenamiento mental. La mente tiene que ser encauzada, reorientada, puesta bajo control, saneada y bien dirigida. Y volviendo a Ramakrishna, decía: «La mente está siempre bajo el control del yogui y no el yogui bajo el control de la mente».

La mente requiere ejercitarse especialmente y estar muy vigilante de la misma. No hay otro modo. Es una gran experta en mentiras, trucos, artimañas, esa casa con un millón de puertas que decía Kabir. Por eso el sabio Santideva insistía:

Hay que estar atento para que la mente, que parece un elefante en celo, esté siempre sujeta al poste de la calma interior. Hay que estar atento para examinar a cada instante la condición de la mente.

Si alguno de esos que juegan a ser mentores te dice que no hay que hacer un esfuerzo y entrenar la mente, no le creas; o es un impostor o un ignorante en el peor sentido de la palabra o un demente. Buda hizo un gran esfuerzo para dominar su mente; también Mahavira; también Jesús; también Ramana Maharshi, y ninguno de ellos está bajo sospecha.

No olvidemos que la mente es causa de esclavitud y de libertad, de odio y de amor, de desequilibrio y de equilibrio. Y el entrenamiento de la mente nada tiene que ver con el saber libresco o la erudición. El mundo está lleno de intelectuales desequilibrados que se hacen la vida imposible a sí mismos y a los demás; de arrogantes eruditos muy doctos en su ignorancia como diría Ramakrishna. Son muy elocuentes las palabras de Amrtabindu Upanishad:

Se debe recoger la mente en el corazón hasta que se silencie; tal es conocimiento y meditación, en tanto que lo demás es saber libresco.

Como la manteca está escondida en la leche, así habita la Sabiduría en cada uno de los seres. Es necesario manifestarla a través de una mente capaz de percibirla.

El mismo yoga es el control de la mente y la capacidad para detener los pensamientos y conectarse con el propio ser, donde hay quietud, contento, equilibrio. Y ese control es mediante el esfuerzo y el cultivo del desapego. El gran sabio Shankaracharya declaraba:

Una nube es traída por el viento y por el viento se disipa nuevamente; por la mente se labra la esclavitud y por la mente también se labra la liberación.

Era Buda el que insistía, como tantos otros maestros, en la necesidad de gobernar la mente y desarrollarla, porque la misma mente que te procura nesciencia te puede otorgar mucha sabiduría. Si la mente no es dominada, ¿cómo puede haber equilibrio interior? Si la mente está siempre agitada, ¿cómo puede haber sosiego y armonía? Santideva nos recordaba:

Una mente desprovista de clara comprensión es como un colador; no puede retener en la memoria lo que ha aprendido, pensado o meditado.

Urge entrenar la mente y cambiar muchas actitudes y enfoques erróneos para que esa mente pueda ser garante de equilibrio y no de desequilibrio. Si la mente no se entrena, su percepción y su cognición serán deficientes o falsificarán la información que nos suministran de la realidad, alimentando más ignorancia en lugar de sabiduría, empantanándonos en lo ilusorio y en lo aparente y privándonos de la armonía.

3) Tratar de permanecer más atento en la vida cotidiana y cuando se lleven a cabo las actividades. Aunque es muy conocida la historia zen, la recordaremos:

Un discípulo le pregunta a su maestro:
—¿Cómo practicas tú la santa Verdad?
—Cuando como, como; cuando duermo, duermo, —contesta el mentor.
—Pero eso lo hace todo el mundo —protesta el discípulo.
—No es cierto —le corrige el maestro—, porque la mayoría de las personas cuando comen piensan en miles de cosas y cuando duermen sueñan en miles de cosas, pero yo cuando como, como y cuando duermo, duermo, y así practico la santa Verdad.

4) Cultivar y desarrollar pensamientos, emociones y actitudes positivos y favorables.

5) Poner los medios para mejorar la relación afectiva

y seguir la senda del amor consciente y más desinteresado, pero desde la fuerza interior y velando también por uno mismo.

6) Convertir la vida en escenario de aprendizaje y entrenamiento.

7) No desaprovechar ninguna ocasión para conocerse y realizarse.

Cada persona tiene que emprender ese trabajo sobre sí misma a fin de ir madurando y ganando la libertad interior. Ese trabajo no se puede quedar en una simple idea o deseo de superficie, sino que debe materializarse y convertirse en un precioso propósito y sentido para la vida, pues de otra manera uno se dejará engañar fácilmente por la ilusión del cambio, pero pasarán los años y no cambiara ni un ápice. Para ello los maestros recuerdan el célebre cuento del loro:

He aquí que un anciano invita a comer a su vecino. Al entrar éste en el salón contempla a un loro que desde su jaula no deja de gritar: «¡Libertad, libertad, libertad!». El invitado siente mucha pena por el animalillo enjaulado, tanto es así que días después, sabiendo que el anciano había salido, entra furtivamente en su domicilio con la intención de liberar al loro. Desde el primer momento escucha al animal clamando: «¡Libertad, libertad, libertad!». Se dirige hacia la jaula y abre la portezuela. Aterrado, el loro se refugia en el fondo de la jaula y se aferra con las garras a los barrotes, mientras sigue gritando: «¡Libertad, libertad, libertad!».

8) El esfuerzo y la energía no pueden faltar en la observancia del trabajo interior. Tampoco la intrepidez y la honestidad con uno mismo para evitar escapismos y autoengaños, tan comunes en la psicología humana en tanto no madura. Y mediante ese esfuerzo bien encaminado tenemos en el trabajo interior que empeñarnos en:

- Meditar.
- Pensar positivamente. En el yoga se nos insiste en que así como pensamos así somos. El pensamiento es muy poderoso para bien y para mal. Hay que aprender a dirigirlo y no dejar que se contamine por la ofuscación, la avidez y el odio, sino que se inspire en la claridad, la generosidad y la compasión.
- Cultivar y desplegar emociones bellas, y manifestarlas, evitando así las emociones innobles, que son la ausencia de las nobles.

Hay una historia:

La oscuridad, comprobando que pierde terreno, le pone un pleito a la luz. El día de la vista no se presenta la oscuridad y entonces el juez falla a favor de la parte demandada. ¿Qué ha sucedido? Pues simplemente que la oscuridad no ha podido presentarse en la sala del juicio porque la luz estaba presente. Del mismo modo, dicen los mentores del espíritu, cuando están presentes las emociones positivas no hay negativas, porque éstas no son más que ausencia de aquéllas.

- Estar atentos en el aquí y ahora, porque, como dicen los antiguos sabios de la India, el pasado es un sueño, el futuro un espejismo y el presente una nube que pasa, pero que es la que hay que captar a cada momento. Se requiere estar atento y no dejar que los automatismos mentales interfieran entre el que observa y lo observado. Pero constantemente acarreamos pensamientos y recuerdos indómitos que nos conectan con el pasado y no nos permiten abrirnos en el presente.

Es muy sugerente la historia zen de los dos monjes:

Dos monjes se están trasladando del monasterio a su casa y van viajando por el campo. De repente escuchan la voz de una mujer pidiendo socorro. El monje más joven rápidamente se dirige allí donde sale la voz y encuentra a una mujer que se ha caído al río y no sabe nadar. Presto se arroja al río, la coge entre sus brazos y la deja en tierra. Después los monjes siguen su camino y dos horas más tarde el monje mayor le dice al joven:

—¿Acaso no sabes que de acuerdo a nuestras reglas monásticas no está permitido tocar a mujer alguna?

Y el monje joven replica:

—Yo cogí a esa mujer y la dejé en tierra firme, y tú sin embargo todavía la llevas encima.

- No dejarse arrastrar por el poder e inercia de los viejos hábitos y patrones negativos de pensamiento.
- Evitar las reacciones anómalas y neuróticas que retroalimentan nuestras tensiones y conflictos. Esas reacciones desmesuradas se convierten en reactividades mentales que activan y potencian los condicionamientos y fijan los modelos de pensamiento que causan desdicha y zozobra. Originan una gran masa de apego y de aborrecimiento y roban el equilibrio interior, descentrando a la persona. Pon-

gamos un ejemplo: alguien te insulta una vez y eso te desagrada, obviamente; es la reacción normal. Pero si sigues pensando en ello y sigues reaccionando, fomentando el pensamiento insano, al final no te han insultado una vez, sino muchas, y más aún: tú eres el causante de esos insultos, o sea, tu mente reactiva. Cuando a Buda le insultaban él jamás se afectaba y decía: «Los demás me insultan, pero yo no recibo el insulto», del mismo modo que, imperturbado, aseveraba: «El mundo discute conmigo pero yo no discuto con el mundo». Hay que tratar de aplicar la ecuanimidad para evitar reacciones desorbitadas y frenar así las reactividades que activan los condicionamientos y viejos patrones de reacción.

- Expresarnos conscientemente, siendo más reflexivos al pensar, hablar y actuar, evitando el uso de la palabra embustera, acre, despreciativa o innoble. Hay que estar vigilantes a la mente, la palabra y la obra. Buda declaraba:

Existen estas cinco desventajas y peligros en la locuacidad: el charlatán profiere falsedades, calumnias, palabras ásperas o infames, y tras la muerte renace a un estado de existencia infeliz.

- Actuar con lucidez y responsabilidad, sabiendo que a todo acto siguen sus inexorables consecuencias. En el *Anguttara Nikaya* podemos leer:

> Los seres son dueños de sus actos, herederos de sus actos, hijos de sus actos; están sujetos a sus actos, dependen de sus actos; todo acto que cometan, sea bueno o malo, de aquel acto heredarán.

- Apreciar cada momento y cada acto, cada situación y cada circunstancia, tratando de vivir todo ello en armonía, sin fricción inútil o conflicto, aprendiendo de cada circunstancia.
- Llevar a cabo incluso la actividad más pequeña o rutinaria con atención y precisión. Que cada momento cuente, que cada instante sea valorado. Aconsejaba Nisargadatta:

> No infravalores la atención. Significa interés y, al mismo tiempo, amor. Para crear, hacer, descubrir, tienes que poner todo tu corazón, lo que es igual a poner la atención. De ella brotan todas las bendiciones.

- No agregar sufrimiento al sufrimiento. Renunciar

al sufrimiento inútil. Sufrir en la justa medida, ante el sufrimiento inevitable, no dejándose arrastrar por reactividades insanas. Aceptar lo inevitable, sin querer descartarlo, si uno trata de desechar los hechos incontrovertibles de la vida engendra más angustia y se deteriora psíquicamente. Aceptar lo inevitable es signo de madurez y equilibrio. Cuando algo tiene remedio, se remedia, y si no lo tiene, se acepta, sin añadir malestar. El que quiere descartar lo inevitable es un necio y termina haciéndose mucho daño a sí mismo. Podemos dejar el sufrimiento en su justo lugar o añadir sufrimiento al sufrimiento por causa de una actitud indebida. Con la actitud correcta podemos liberarnos de mucho sufrimiento inútil.

- Ocuparse conscientemente en lugar de preocuparse. La preocupación es neurótica y debilita; la ocupación consciente fortalece y pone en marcha todos los potenciales y recursos internos.

- Instrumentalizar todo lo que se va viviendo para desarrollarse y madurar, sea grato o ingrato, sea favorable o desfavorable, pues de todo se puede hacer un maestro y los enemigos se pueden transformar en aliados. Los enemigos son las adversidades, inconvenientes y vicisitudes. Vivir más en la lucidez, la ecuanimidad, la compasión, la autovigilancia y la acción diestra.

- Vigilarnos y observarnos en la vida diaria para ir recabando información sobre nosotros mismos y poder ir descubriéndonos y conociéndonos así, para saber qué debemos transformar. Esta observación debe ser aséptica, evitando la autoindulgencia y la autoexigencia, el autoengaño o pretexto y la autorrecriminación. Se aplica la atención pura, libre de juicios y prejuicios, a uno mismo para conocerse.

- Observar fielmente la disciplina y la práctica, que es el modo más fiable de irse transformando y pudiendo debilitar las tendencias neuróticas. El antiguo adagio reza: «No basta con pronunciar la palabra luz para que la lámpara se encienda». Hay que encenderla, y eso se hace mediante la práctica.

- Cultivar hábitos internos y externos saludables, pero evitar el poder del hábito negativo que tanto nos limita y condiciona y que genera mecanicidad. Hay que quebrar esa mecanicidad incluso tomando consciencia de los hábitos y luchar contra el hábito negativo con el contrahábito o cultivo del hábito positivo.

- Superar la arrogancia y ejercitar una autovaloración sana, evitando incurrir en el sentimiento de superioridad o de inferioridad, asumiéndonos como seres en continua evolución si nos lo proponemos; para ello hay que intentar mejorar y madurar.

No atribuirnos cualidades de las que carecemos, ejercitarnos en la humildad pero con una sólida autoestima, aprendiendo a ser nosotros mismos y a aceptarnos sin subterfugios ni enmascaramientos, evitando escapismos y sentimientos de culpa, confiando en nuestros potenciales de desarrollo, porque como reza el antiguo adagio: «Unos corriendo, otros caminando y otros arrastrándose, pero todos nos encontraremos en la misma meta».

Hay que desarrollar, pues, la voluntad de ser y no sólo de tener; de estar y no sólo de llegar. Si uno sólo se preocupa de su yo social, traicionará su yo real y se alienará. El ego tiene que estar muy vigilado y controlado. Si no lo dominas él te domina, y ahí comienza la tragedia. El adagio reza. «Si quieres ver al diablo cara a cara, mira tu propio ego». Aurobindo explicaba:

El ego, por su naturaleza, es parvedad del ser; procura contracción de la conciencia y, con la misma, limitación del conocimiento, ignorancia, confinamiento y disminución de poder; y mediante esa disminución, incapacidad y debilidad, escisión de la unidad; y, mediante esa escisión, desarmonía y fracaso de la compasión, el amor y el entendimiento, inhibición o fragmentación del deleite del ser, y mediante esa fragmentación, dolor y pesar.

- Cultivar el desapego, la generosidad, la apertura amorosa, la ecuanimidad; saber fluir, ser flexible sin recurrir a autodefensas o acorazamientos psíquicos; no demandar excesiva seguridad, porque es una tendencia neurótica y la única seguridad es estar en la inseguridad. Evitar dependencias y tratar de vivir desde el propio ser y no sólo desde el ego. El apego encadena, crea confusión y desdicha, miedo e incertidumbre. Krishnamurti recomendaba:

> Tengan la bondad de explorar la naturaleza del apego. Engendra ansiedad, temor, pesadumbre, celos, odio. Todas esas cosas son las consecuencias del apego.

- Valorar la paz interior, pues es la dicha más estable y elevada, y en la medida en que seamos más sosegados, más transmitiremos esa calma reconfortante a los demás.

VI

En busca de la armonía

*H*ay una historia que me gusta recordar:

Era un maestro espiritual muy anciano y que siempre se había encontrado muy bien, pero se hallaba en la antesala de la muerte. Los discípulos no quisieron dejar pasar la oportunidad de preguntarle:

—Desde que te conocimos siempre has estado muy sosegado, muy armónico, pleno y contento. Por favor, revélanos tu secreto. ¿Qué has hecho para eso?

—Un día —repuso el anciano—, me encontré inmerso en este cuerpo y esta mente. O sea, que se me habían dado estos instrumentos vitales para hacer el viaje de la vida. Ya que se me habían dado, me propuse que siempre los trataría con cuidado y afecto, y así ha sido. Está en la naturaleza del cuerpo decaer, pero mientras sea posible hay que cuidar con esmero estos instrumentos existenciales que son la mente y el cuerpo y mantenerlos armónicos.

La armonía conlleva al verdadero equilibrio. Hay que poner las condiciones para que se produzca. Hay que procurarle al cuerpo equilibrio para que reporte todas sus energías extra; también a la mente para que se actualicen todos sus potenciales, y, por supuesto, ir logrando que el cuerpo y la mente se coordinen y de ese modo también ofrezcan sus mejores dones. El equilibrio psicosomático pone en marcha energías latentes o larvadas que, empero, resultan especialmente poderosas.

Hay que empezar por poner orden y armonía en la mente. La tarea no es sencilla ni puede ser rápida. Mediante técnicas oportunas hay que limpiar, sanear y ordenar la mente. Al propósito de equilibrarnos y madurar debe seguir la práctica necesaria para ello. Hemos de cooperar en ese proceso de maduración y conquista de la armonía, preferiblemente:

- Aprender de nuestros propios errores y rectificar para seguir aprendiendo y rectificando. Hemos de superar el miedo al fracaso. El fracaso forma parte de la vida, y no hay que dejarse frustrar por ello en exceso. Da y enseña. Cuando uno es consciente de sus fallos, hay que cambiar de actitud y de proceder; el arrepentimiento y los sentimientos de cul-

pa son neuróticos y no conducen a nada constructivo; lo esencial es el reconocimiento expreso del
error y el esfuerzo genuino por cambiar la actitud
y el proceder.

- Aceptación consciente de nosotros mismos, pero
no resignación fatalista. Desde esa aceptación uno
comienza a poner los medios para modificarse y
madurar. Evitar el autodesdén y la autoimportan-
cia, asumirse tal como uno es para luego ir actualizando los mejores potenciales internos. También
hay que saber humildemente asumir los propios límites y comprender que porque somos seres humanos los tenemos, pero que muchos no son tales
y sólo son interpretaciones mentales.

- Examinarnos y conocernos, explorarnos directamente y no sólo con conocimientos prestados; in-
vestigar en nuestra auténtica naturaleza, sabiendo
encarar el lado difícil de nosotros mismos y aprendiendo a descubrir los conflictos internos, las ambivalencias y los antagonismos para conciliarlos o
resolverlos.

- Saber relativizar y desdramatizar; no apegarse a estados mentales o emocionales aflictivos. Desarrollar
el sentido del humor, aun siendo serio en lo esencial. Saber desbloquearse y soltarse, liberándose de

viejos patrones, tratando de ser uno mismo y no dejándose condicionar por descripciones y modelos que nos encorsetan.

- Evitar la vía de la evasión e ir enfrentando las situaciones como se van presentando, con lucidez y ecuanimidad. No dejarse limitar por innecesarias nostalgias dolientes ni por la fantasía negativa incontrolada; mantenerse en el propio centro y comunicarse más desde el yo y no sólo desde el ego.

- Cooperar en el bienestar de los demás y conciliar los propios intereses con los ajenos; no originar inútiles fricciones, conflictos, malentendidos o crispaciones. Tender vínculos afectivos sanos para el crecimiento recíproco.

- Valorar no sólo el progreso externo, sino también el interno.

- Trabajar el discernimiento para purificarlo y liberarlo de juicios y prejuicios, pues la lucidez mental conducirá a la acción diestra.

Hay una sabia instrucción que reza: «Lo que no evoluciona tiende a degradar». Hay que seguir completando nuestro desarrollo y saber que mediante el mismo también, además de beneficiarnos a nosotros, contribuimos al beneficio de los demás.

El conocimiento que tiene nuestra mente condicionada y dual es muy limitado y engañoso. Mientras la mente no se armoniza, la información que nos reporta la percepción y la cognición es poco fiable y crea muchas veces ofuscación y desdicha. Hay pocas historias tan significativas en este sentido como la que sigue:

Un amanecer, una paloma se coló en un templo de la India cuyas paredes estaban, todas ellas, espejadas. El sacerdote, antes de despuntar el día, había colocado una rosa en el centro del santuario y ésta se reflejaba en las paredes recubiertas de espejos. Tomando los reflejos de la rosa por la rosa verdadera, la paloma comenzó a lanzarse contra las paredes, hasta que su frágil cuerpo reventó y entonces fue a caer sobre la rosa.

Los maestros dicen: «No persigas los reflejos, sino la verdadera rosa... la del conocimiento».

Para armonizar la percepción y la cognición se hace necesario el entrenamiento psicomental que ya los yoguis verificaron hace milenios. También hay que ir, con discernimiento claro, incorporando a la vida pautas y puntos de referencia que ayuden a progresar interiormente y saber también desenvolverse en la existencia cotidiana, liberando la mente de negatividades y logrando desarrollar esa consciencia-testigo que es capaz de observar sin dejarse implicar tanto y manteniendo el sosiego, la ecuanimidad y la lucidez. La actitud adecuada siempre es necesaria. La actitud es la manera en cómo se toman las cosas y se reacciona o se deja de reaccionar ante ellas. La actitud es muy importante para convertir la vida en maestro y de todo sacar enseñanza. Reflexionemos sobre la siguiente historia:

Un hombre muy anciano llegó a un monasterio. Tenía genuinas aspiraciones de evolucionar espiritualmente y alcanzar el sosiego del espíritu. Llamó a la puerta y les puso al corriente de sus aspiraciones al abad y los monjes, pero todos ellos se percataron de que era un anciano muy culto, pero que no podría leer las escrituras ni atender los ritos. No obstante, se dieron cuenta de que la motivación del anciano era genuina y no quisieron desairarle. Le encargaron barrer el patio. Transcurrieron los meses y los monjes comenzaron a percibir que cada vez el anciano estaba más contento y exhalaba más sosiego y una contagiosa armonía. Le preguntaron:

—¿Cuál es tu secreto, buen hombre?

El anciano repuso:

—Me limito a barrer el patio con mucha atención y cariño, y cada vez que lo limpio siento que también me estoy limpiando a mí mismo. Y la verdad es que cada día me siento mejor.

La actitud que se propone en la búsqueda de la armonía y el equilibrio interior es la que se basa en los siguientes pilares:

— Esfuerzo correcto.
— Atención consciente.
— Ecuanimidad.
— Sosiego.
— Contento interior.
— Visión clara.
— Compasión.

El ejercicio mental va haciendo posible que esas simientes de autodesarrollo y equilibrio interior se vayan actualizando, y que se consiga una consciencia más desarrollada que permita:

— Vislumbrar una realidad más allá de la «realidad» aparente.
— Una visión pura, libre, esclarecedora y penetrativa.
— Una mayor vigilancia de la mente, la palabra y los actos.

— Una mayor lucidez de pensamientos y acciones.

— Una comprensión más amplia y profunda y, por tanto, reveladora y transformativa.

Así como la inarmonía es fuente de desdicha, la armonía lo es de felicidad interior. En lugar de seguir perdiéndose en especulaciones o vanos propósitos, hay que comenzar a hollar la senda del equilibrio. Si uno ha recibido una flecha —como indica Buda en la célebre parábola de la flecha envenenada— lo que urge es sacársela y no perderse en preguntas o disquisiciones. La flecha es el sufrimiento que viene dado por el desorden interno, la inarmonía, los conflictos sin resolver, los pensamientos neuróticos y todos los condicionamientos que acarrea la psique.

VII

La atención y la ecuanimidad

La atención

La atención es de enorme importancia en la búsqueda del equilibrio interior. ¿Qué se puede hacer bien sin atención? Es la preciosa función de la mente que le permite al ser humano percibir, captar, conocer y reconocer, incluso darse cuenta de sí mismo. No hay maestro espiritual que no la haya aconsejado; es la lámpara de la mente, la llama de la mente, la luz de la mente. Nunca hay que subvalorarla, porque mediante la atención podemos realzar la vida, vigilarnos, permanecer alertas, conectarnos con el aquí y ahora. Su cultivo ayuda a superar conflictos internos, a integrar la mente, fortalecer la voluntad y darle peso específico a cualquier situación vital. Con razón la calificaba Buda de todopoderosa en cualquier momento, y con razón el *Dhammapada* declara:

Atento entre los inatentos, plenamente despierto entre los dormidos, el sabio avanza como un corcel de carreras se adelanta sobre un jamelgo decrépito.

Y también:

La atención es el camino hacia la liberación; la inatención es el sendero hacia la muerte. Los que están atentos no mueren; los inatentos es como si ya hubieran muerto.

El cultivo metódico de la atención perfecciona y purifica la percepción y asimismo hace más fiable la cognición, produciendo equilibro interior, visión clara y lúcida, acción correcta y diestra y compasión. Ese cultivo es magnífico aunque sólo sea por higiene mental y emocional, y para estar más centrado en uno mismo y no desquiciarse o descontrolarse. La atención crea un centro de consciencia más estable y lúcido y permite la vigilancia de la conducta mental, verbal y corporal, lo cual es de gran provecho, pues ya decía Buda: «Si te estimas en mucho, vigílate bien». Esta autovigilancia nos hace más equilibrados y armónicos, nos ayuda a recentrarnos, nos previene contra la negligencia y muchos errores evitables, nos da fuerza interior y aplomo.

Se cultiva la atención mediante la práctica de la meditación y tratando de estar más atento en la vida diaria, poniendo atención en cualquier actividad que se lleve a cabo y dándole prioridad al instante presente en lugar de estar permitiendo, por descuido o negligencia, que la mente siempre esté en el antes y en el después, sin abrirse ni conectar con el momento. Estando más atentos estaremos más pendientes para evitar en la mente ofuscación, avidez y odio, para evitar palabras incorrectas y para regular adecuadamente las conductas. De la atención nacen pensamientos, palabras y actos reflexivos y nos evitamos mucho daño a nosotros mismos y a los demás. La atención nos ayuda a conectar, a estar plenamente en lo que es, a refrenar las memorias nocivas y la imaginación perniciosa. Leemos en el *Majjhima Nikaya*:

No recuerdes las cosas que pasaron y no abrigues esperanzas para el futuro. El pasado quedó tras de ti; el estado futuro no ha llegado. Pero aquel que con visión clara puede ver el presente que está aquí y ahora, tal sabio debe aspirar a conseguir lo que nunca puede ser perdido.

Mediante la atención la mente aprende a aplicarse a lo que debe aplicarse y evita vagabundeos innecesarios, que malgastan sus mejores energías. La atención hace a la persona más penetrativa, cabal, centrada, ecuánime, sosegada y equilibrada. La atención es como un eje al que uno puede asirse. La vida adquiere otro sentido, otro brillo, otra significación. Es el desencadenante de la comprensión clara y profunda, la que no sólo inspira, sino que transforma y revela. Escuchemos al sabio Santideva:

Si la atención monta la guardia a las puertas de la mente, la clara comprensión se unirá a ella, y una vez que llegue nunca se irá.

La atención permite ocuparse mejor de lo que hay que ocuparse, aprender a seleccionar pensamientos, palabras y obras; poder ejercer mayor dominio sobre sus emociones y conocerse mucho mejor aplicando la atención al universo interior. La atención unificada o concentrada es de gran ayuda en cualquier actividad que se lleve a cabo, pues elimina los pensamientos intrusos o parásitos y refuerza la energía mental. Volviendo a Santideva, nos especifica:

Cuando después de considerar bien algo uno haya comenzado a hacerlo, debe ante todo realizarlo con plena concentración de la mente, sin pensar en ninguna otra cosa. De ese modo todo se hará bien; en caso contrario, se malograrán la atención y la clara comprensión, y la corrupción que consiste en la falta de clara comprensión aumentará.

También:

Para vencer todos los obstáculos me entregaré a la concentración, sacando la mente de todos los senderos equivocados y encauzándola constantemente hacia su objetivo.

El poder de la atención es enorme. Una atención firme, bien encaminada, regulada y adecuadamente aplicada, es de gran provecho en toda circunstancia vital y además rejuvenece y fortalece el cerebro, actualiza las potencias mentales y se convierte en una magnífica aliada en el transcurso vital.

Otro gran sabio llamado Asvaghosa exhortaba así:

Mantén la atención y la clara comprensión en todas las actividades, al estar sentado, al permanecer en pie, al caminar, al mirar y al hablar. El que está situado en la atención como guardián a las puertas de su mente, no puede ser invadido por las pasiones, igual que una ciudad bien guardada no puede ser conquistada por el enemigo.

Aquel que carece de la armadura protectora de la atención es verdaderamente blanco de apegos; al igual que un guerrero en la batalla, sin su cota de malla, está expuesto a las flechas de sus enemigos.

Al corazón no protegido por la atención debe considerársele completamente indefenso. Se asemeja a un ciego caminando sin guía por un terreno escabroso.

La atención puede ser pura o impura. La primera se conoce también como directa o desnuda, y es aquella que está libre de prejuicios, juicios y condicionamientos y se limita a percibir lo que es. Se utiliza mucho en las prácticas de meditación y tiene un gran poder liberatorio, pues ayuda a superar patrones, esquemas y estructuras fijas mentales.

La atención también puede ser voluntaria, consciente, esporádica o mecánica. La primera de ellas es la que se lleva a cabo conscientemente, mediante un acto de voluntad, y se trata de mantener incluso cuando algo no es interesante. En cambio la atención mecánica se produce por sí misma cuando algo resulta apasionante. Hay que trabajar la atención consciente

para ir logrando su desarrollo armónico y su fortalecimiento.

También puede clasificarse en debida o indebida. La
debida es la que se aplica a actitudes sanas y se pone al
servicio de pensamientos y actos saludables, y la indebida es la que se pone al servicio de pensamientos y actos nocivos o perniciosos, en suma, insanos.

Todas las técnicas de meditación cultivan armónica
y progresivamente la gema de la mente: la atención.
La atención es la hermana gemela de la consciencia, y
cuanto más atento aprende uno a estar, más consciente será.

También se puede hablar de atención concentrada o
unificada y atención abierta o flotante, dependiendo de
si se fija la atención en algo concreto o si se mantiene
captando todo lo que va sucediendo. Todas las técnicas
de atención a la respiración son de gran eficacia para
concentrar la atención, además de sosegar la mente y
equilibrar el espíritu. No es de extrañar, pues, que el
antiguo texto budista llamado *Samyutta Nikaya* diga:

La concentración de la mente que se obtiene a través
de la atención a la respiración, si se cultiva y se practi-
ca con regularidad, es sosegada y sublime, es un estado puro y feliz de la mente que hace que se desvanez-

can inmediatamente las ideas perniciosas y no saludables en el momento que surjan.

La atención es el filtro, custodio, guía de la mente. El hecho de intentar estar atento favorece el complejo cuerpo-mente, ordena las ideas, fortalece la consciencia y la voluntad, estimula la dinámica sensorial y favorece el tono vital, evitando estados de ansiedad o abatimiento, desidia o inercia. La atención nos permite también estar más observantes y gozar de mejor memoria, poder emplear ésta selectivamente y no dejarnos atrapar por recuerdos innecesarios o perjudiciales. Así lo explica Buda:

En una ciudad fronteriza hay un guardián inteligente, experto, prudente, que mantiene fuera a los desconocidos y admite sólo a los conocidos, para proteger a los habitantes de la ciudad y rechazar a los extraños. Semejante a ese guardián es un noble discípulo que esté atento y dotado de un alto grado de atención y prudencia. Recordará y tendrá en la memoria incluso aquello que haya sido hecho y dicho hace mucho tiempo. Un noble discípulo que tenga la atención del guardián de la puerta rechazará lo que no sea saludable y cultivará lo saludable, rechazará lo que sea censurable y cultivará lo que es impecable y preservará su pureza.

Se gana atención estando atento; se despliega la atención poniendo la voluntad para atender lo que pasa en cada momento. El entrenamiento metódico de la atención se lleva a cabo con las técnicas de meditación, pero hay que complementarlas estando más atento en la vida diaria. La verdadera y penetrativa observación requiere mucha atención. Invirtiendo atención se cosecha atención, de la misma forma que siendo más conscientes se gana en consciencia. Hay que hacerse el firme propósito de estar atento, porque no es fácil, ya que han sido muchos años de negligencia e inatención. Habrá que superar el hábito de la inatención por el de la atención; el de la semiconsciencia por el de la consciencia plena.

La ecuanimidad

La ecuanimidad es una de las cualidades más esenciales para esmaltar de equilibrio, cordura y plenitud el alma humana. Es cualidad de cualidades, muy apreciada por todos los sabios. La misma palabra ya lo dice todo, porque implica dos términos: equilibrio y ánimo, es decir: ánimo equilibrado. Tan importante es esta cualidad, que en el *Yoga Vasishtha* se dice: «La ecuanimidad es de un agradable sabor y posee el poder sobrenatural de transformar todo en ambrosía».

Mediante la ecuanimidad evitamos el desgarramiento interior, la impaciencia que nos roba energía y nos inquieta, la turbación y la amargura. Cuando algo no puede ser resuelto, lo único que cabe es la ecuanimidad; ante los hechos incontrovertibles de la vida, el único refugio es la ecuanimidad. La ecuanimidad es firmeza de mente, tono estable, sosiego y aceptación consciente. Es muy necesaria ante las alternancias y vicisitudes de la vida, porque, como dicen los sabios chinos, inevitablemente vienen los vientos del este y vienen los vientos del oeste, y hay que tratar de mantener talante sereno ante unos y ante otros, sin dejarse arrebatar por la rabia, la desazón o el resentimiento. No desfallecer, no desmayar psíquicamente, eso se consigue gracias a esa fuerza de gran precisión, cordura, equilibrio y claridad que es la ecuanimidad.

La ecuanimidad nos permite situarnos en el justo medio, a buen resguardo de las actitudes o reacciones extremadas; es el punto de quietud y de equilibrio. Mediante ella logramos mantenernos alejados de estados extremados de euforia desmesurada o exaltación y abatimiento o depresión. Es templanza, calma, actitud imperturbada, sosiego, paciencia. Viene dada por la visión clara o lucidez, cuando comprendemos que todo está sometido a la ley inexorable del cambio, de la transitoriedad, y que lo único que podemos hacer muchas veces es aceptar conscientemente lo que es cuando no se puede descartar.

La ecuanimidad nos permite también saber relativizar, ser menos egocéntricos y personalistas, ver las cosas desde distintos ángulos y resultar más imparciales y objetivos.

Mediante la lucidez entendemos que todo es transitorio y cuando nos percatamos de la impermanencia brota la ecuanimidad, que es una actitud de equilibrio que nos impide ser tan reactivos, dejarnos llevar tanto por el apego y el aborrecimiento.

Hay una historia muy singular:

Era un rey que dependía de sus muy fluctuantes y extremados estados de ánimo. Cuando las cosechas eran buenas se dejaba arrastrar por una incontenible euforia, y cuando eran malas, por una profunda depresión. Harto él mismo de sus inestables estados anímicos, hizo saber que al artesano que le regalase un objeto que le inspirase equilibrio le haría enormemente rico. Ni que decir tiene que recibió infinidad de objetos, pero ninguno de ellos inspiraba al monarca, cada vez más desesperado. Entonces llegó un artesano, proveniente de otro reino, y le obsequió con un medallón de bronce.

—¿Te burlas de mí? —preguntó indignado el monarca—. Esto no vale nada. Me han hecho regalos valiosísimos. Si te burlas de mí, te haré ahorcar.

—Majestad, no te precipites en tus juicios —repuso con tranquilidad el artesano—. Da la vuelta al medallón.

Así lo hizo el monarca y pudo encontrar en el reverso del medallón una inscripción que rezaba: «Todo es transitorio, incluso los estados de ánimo de su majestad». Y el rey se sintió inspirado y satisfecho.

Complementemos esta sugerente historia con otra no menos ilustrativa y que me contó mi admirado y querido amigo el monje cingalés Piyadassi Thera:

Era un hombre viudo que vivía con su hijo y tenía un caballo. Una mañana, al ir al establo, comprobó que el caballo se había marchado. Enterados de ello los vecinos de la localidad, vinieron a visitarle y le dijeron:

—¡Qué mala suerte! Para un caballo que tenías y se ha marchado.

—Así es, así es —repuso el hombre sosegadamente.

Dos días después, el caballo regresó trayendo otro consigo. Los vecinos fueron a verle y le dijeron:

—¡Qué suerte la tuya! Ahora tienes dos caballos.

—Así es, así es —convino el hombre.

Como ahora tenía dos caballos, salió a cabalgar una mañana con su hijo, pero el joven se cayó y se fracturó una pierna:

—¡Qué mala fortuna! —exclamaron los vecinos—. Si no hubiera tu caballo traído otro...

—Así es, así es.

Una semana después el país entró en guerra y fueron todos los jóvenes alistados, menos el que tenía la pierna fracturada. Los vecinos dijeron:

—¡Qué suerte tan increíble la tuya! Tu hijo se ha salvado de ir a la guerra.

—Así es, así es —dijo apaciblemente el hombre.

La ecuanimidad, asociada a la atención mental, le da un carácter muy especial a la vida, que no deja entonces de ser en todo momento escenario de incesante aprendizaje. Mediante la atención consciente y la ecuanimidad, vamos logrando un especial tipo de ser, más centrado y equilibrado, menos reactivo, lo que también nos libera de mucho sufrimiento innecesario, como resalto en mi obra *Evitar el sufrimiento*. Cuando estamos reaccionando desmesuradamente no sólo no vemos las cosas como son, sino que generamos mucha desdicha que bien podríamos evitarnos con una mente más estable y una actitud más ecuánime. La persona ecuánime, además, no se deja tanto afectar por las opiniones o juicios ni actitudes ajenas, y a pesar de ellas mantiene su equilibrado tono vital. Se nos dice en el *Kularnava Tantra:*

> El que permanece ecuánime tanto en la censura como en la alabanza, en el frío como en el calor, entre amigos o enemigos, es el maestro del yoga y carece tanto de exaltación como de depresión. El yogui, conocedor de la Verdad suprema, reside en el cuerpo como un viajero, sin apegos, siempre contento, con visión de igualdad, dueño de sus sentidos.

Pero la ecuanimidad jamás es falta de interés o motivación, nunca es anestesia afectiva, todo lo contrario, y nos impide caer en la pusilanimidad o labilidad afectivas, en la sensiblería o falaz sentimentalismo, haciéndonos realmente sensibles y compasivos.

El que penetra en lo más íntimo de los fenómenos, con visión clara, gana la ecuanimidad y es capaz de ver las cosas con calma.

La persona ecuánime sabe que todo muda y que lo que hoy puede parecer una maldición se puede tornar otro día en bendición o viceversa y que el amigo más amigo te puede traicionar y el enemigo más enemigo salvar la vida. Todo gira y hay que saber ponerse en el centro de la rueda para permanecer equilibrado y no dejarse agitar por los acontecimientos cambiantes. Regresando al *Yoga Vasishtha:*

Conociendo la irrealidad del mundo, ninguna persona con sabiduría se deja engañar por sus siempre cambiantes decorados.

En el momento presente nos falta a menudo perspectiva para poder valorar con certidumbre qué es lo más favorable y qué lo más desfavorable. Tiempo después es cuando muchas veces estamos capacitados para poder percatarnos de los hechos y poder justipreciarlos.

Hay un cuento muy orientador:

He aquí que un padre al morir dejó como herencia una sortija para cada uno de sus hijos. Una de ellas era de diamantes y la otra de cobre. El primogénito en seguida se apropió de la valiosa, asegurando que es lo que hubiera querido el padre, por lo que el hijo menor se quedó con la otra. Después cada uno de los hermanos hizo su vida en una parte del país y no volverían a verse hasta muchos años después.

El primogénito vendió por una buena suma la sortija y con ese dinero comenzó a hacer sustanciosos negocios y se hizo un hombre muy destacado. Tenía empresas, asistía a toda clase de reuniones, intervenía en la política, tenía gran peso en los medios y recibía no pocas distinciones. Pero cada día tenía más angustia y se sentía más infeliz y con cada problema que surgía se ponía muy ansioso o se hundía en la depresión. Siempre que algo no era como él quería, se sentía muy desdichado y abatido. Empezó a tener que ir al psiquiatra, no podía dormir por la noche y tenía muchos desórdenes psicosomáticos. Siempre quería triunfar y obtener lo que deseaba y, cuando no era así, se sumía en una profunda melancolía.

Por su parte, el hermano vivía muy dichoso, a pesar de los problemas, las vicisitudes e inconvenientes propios de la vida. Había trabajado duro, pero no estaba obsesionado con nada y sabía tomarse con calma todas las circunstancias de la vida. Poco después de recibir la sortija de cobre se sintió un poco decepcionado. ¿No era mucha herencia, verdad? Pero un día miró dentro de la sortija y vio en ella una instrucción: «No te preocupes por nada. Todo cambia». Siguió siempre ese sabio consejo de su padre y fue ecuánime ante las vicisitudes de la vida, sabiendo que nadie hubiera podido recibir una herencia más valiosa.

VIII

Sosiego y lucidez

El sosiego

No hay experiencia tan deleitosa, profunda, enriquecedora y plena como la del sosiego. Es curativa, confortadora, renovadora y reveladora. Es la quietud que nos permite ser nosotros mismos, más allá de los zarandeos del pensamiento, alcanzando nuestro propio espacio de calma profunda, en ese lado de la mente que es claro y silencioso, que ha inspirado a todos los grandes sabios y místicos, que nos permite darnos un baño de nuestro propio ser y realentarnos. Ese lado de la mente profunda es el que el yogui se empeña en visitar con sus técnicas para tranquilizar y sumergirse en uno mismo. En esa mente quieta, libre de agitación y fluctuaciones mentales, tan íntima, tan profunda y silenciosa, se encuentra otra realidad que nada tiene que ver con aquella que interpretamos y que facilita el encuentro verdadero y consolador con uno mismo. El sabio Shankaracharya expresaba:

Cuando la mente reconoce la identidad del espíritu con el Absoluto, cuando ha trascendido las superposiciones y, por ende, la dualidad, cuando está impregnada de conocimiento puro, recibe el nombre de suprema iluminación. El que la posee es conocido como un ser de firme sabiduría.

Las técnicas del yoga nos dirigen hacia esa mente profunda y silente, despejada y clara, más allá del núcleo de caos y confusión que hay en la psique y que el mismo Aurobindo se vio obligado a drenar durante años. En la mente profunda el sentimiento de ego se desvanece y surge un sentimiento profundo de ser, que se evidencia y experimenta como un inquebrantable sosiego, una paz íntima y a la vez tan intensa que resulta transpersonal.

No es por casualidad que en su raíz la palabra sosiego signifique sentarse. Se sienta uno para asentarse en lo más auténtico de sí mismo, para ser y «serse». Tal es meditación, al menos una de las formas o vías de meditación. Ramana dijo:

La meditación estriba en eliminar los pensamientos. Todos los problemas actuales son debidos a pensamientos y son ellos mismos pensamientos. Renuncia a los pensamientos. Es meditación y felicidad. Los pensamientos pertenecen al pensador. Permanece como el sí mismo del pensador y así darás fin a los pensamientos.

El sosiego se va ganando. La mayoría de las personas viven de espaldas al mismo y raramente lo experimentan. Hay que ir eliminando todos aquellos factores que generan desasosiego y por tanto impiden el verdadero sosiego, como obsesiones, preocupaciones, puntos de vista equivocados, actitudes incorrectas, procederes estresantes, afanes inútiles, apego y miedo, aborrecimiento, temores, insatisfacción y tantos otros. Hay que propiciar el sosiego en pensamientos, palabras y actos, favoreciendo actitudes sanas y evitando las reacciones desasosegantes. La práctica del hatha-yoga, la meditación y el cultivo de la atención y la ecuanimidad en la vida diaria van despertando a la dimensión del verdadero sosiego. Todo aquello además que ayude a apaciguar la mente y evitar la agitación de la misma y el descontrol del pensamiento, lo suscita y fomenta. El sosiego y el equilibrio se complementan y uno hace posible el otro.

En la mente más profunda, la denominada unmani o no mente porque se trata de una mente serena y vacía de discurso, todo es sosiego, y las técnicas del yoga inducen a un estado especial y transformativo. Padmasambhava explicaba:

En su auténtico estado la mente es clara, inmaculada, no hecha de nada; siendo hecha de vacío, simple, vacua, sin dualidad, transparente, sin tiempo, no compuesta, ininterrumpida, incolora, no comprensible como cosa separada sino como unidad de todas las cosas; sin embargo, no compuesta por ellas, de un solo sabor y trascendente a toda diferenciación.

La manera en que tomamos las cosas —es decir, la actitud— también es un condicionante del sosiego o el desasosiego. La aceptación consciente, la visión clara de lo que es, asumir los hechos incontrovertibles o inevitables, la percepción del momento presente libre de ideas desasosegadoras de pasado o futuro, todo ello propicia el estado de sosiego. En la medida en que se aquieta la mente, se ensancha la comprensión, se sanean las emociones, la maravillosa energía del sosiego va eclosionando.

Para fomentar la experiencia tan enriquecedora y

transformativa del sosiego, que es uno de los grandes pilares del equilibrio interior, por un lado hay que ir eliminando los factores que desasosiegan y, por otro, utilizando todas las herramientas y actitudes que podamos para estimular la quietud. Entre estas herramientas se encuentran la práctica de las diferentes técnicas del hathayoga, el entrenamiento en la meditación y el tratar en la vida diaria de mantener una mente más atenta, ecuánime y sosegada.

Hay que ejercitarse para alcanzar el ángulo de quietud en todo momento, aun en los más inquietantes o conflictivos. Es como crear un espacio interno de sosiego que nos protege tanto de las influencias nocivas del exterior como de nuestros propios estados cambiantes. Cada vez que un factor tienda a desestabilizarnos o desequilibrarnos, debemos tratar de recuperar nuestro centro y no dejarnos afectar desmesuradamente por tales factores.

Para poder sustraernos a la influencia hipnótica de las circunstancias desestabilizadoras externas y de nuestros propios estados anímicos insanos, tenemos que tratar de empeñarnos en desidentificarnos, es decir, separarnos de ello y no reaccionar desorbitadamente. La no reacción, aplicando la atención y la ecuanimidad, es muy necesaria para «no fortalecer al enemigo» y lograr mantenerse estable en el propio punto de quietud.

En la medida en que el ego cede y no es tan exacerbado, los temores son superados, se debilitan las tendencias al apego y la aversión, y la energía del sosiego comienza a eclosionar. Incluso en la acción nos podemos liberar de agitación y ponernos a buen recaudo de los factores estresantes. Hay que asirse al ser interno y desconfiar de los juegos del ego. Shankaracharya aconsejaba:

> Refuerza tu identidad con tu Ser y rechaza al mismo tiempo el sentido del ego con sus modificaciones, que no tienen valor alguno, como no lo tiene el jarro roto.

Desde el ser uno logra ver con calma y ecuanimidad el transcurso de los acontecimientos vitales, sin dejarse afectar desmesuradamente por ello y menos aún por apegos bobos o mezquindades.

Cuando las raíces emponzoñadas de la mente comienzan a erradicarse, surge la bendita sensación de la quietud profunda. Raíces como la codicia, la envidia, el odio, los celos y la ira. Fomentando estados mentales y emocionales positivos suscitamos y desplegamos el sosiego. El cultivo de los estados mentales y emocionales positivos (amor, compasión, alegría, ecuanimidad, benevolencia y otros) favorece la quietud. También abandonar puntos de vista equivocados y apegos a ideas, desembarazarse del excesivo afán de posesividad o la demanda neurótica de seguridad, e ir fomentando una actitud de mayor desasimiento. También ganamos en sosiego y equilibrio interior cuando vamos madurando y por tanto dejando el ego infantil e inmaduro. En el *Anguttara Nikaya* se nos hacen unas útiles indicaciones:

> Para la liberación de la mente del inmaduro, hay cinco cosas que conducen a la madurez: a) un buen amigo; b) una conducta virtuosa, guiada por los preceptos esenciales de la disciplina; c) el buen consejo tendente a la ecuanimidad, la calma, la cesación, la iluminación y el Nirvana; d) el esfuerzo por eliminar los malos pensamientos y adquirir pensamientos saludables; y e) la conquista de la sabiduría que discierne el origen y desvanecimiento de los fenómenos.

Conviene aprender a vigilar los sentidos y no dejarse confundir por ellos, superar las inclinaciones de sensorialismo excesivo, la tendencia a los autoengaños y el aferramiento a estrechos puntos de vista. Por ello otro hermoso y significativo texto, el *Sutta Nipata,* dice:

> Para quien está libre de percepciones sensoriales no hay cadenas; para quien alcanza la libertad con visión cabal desaparecen todos los engaños; pero quien se aferra a las percepciones sensoriales y a las opiniones erróneas y falsas, vive en este mundo en contradicción y reyerta.

Cada persona debe ir descubriendo qué elementos le roban el sosiego y tratar de neutralizarlos. Para ello es útil abandonar el orgullo excesivo, el falso amor propio, el afán de revancha o venganza, el afán de posesión y acumulación, los temores infundados, la memoria negativa y la imaginación neurótica, la agitación de la mente y el pensamiento incontrolado.

La lucidez

La lucidez es uno de los factores más importantes que hay de autodesarrollo, equilibrio interior y bienestar psicomental. Es la capacidad de ver las cosas como son, lo que luego permite proceder en consecuencia con mayor precisión, cordura y destreza.

La lucidez es visión clara, comprensión profunda, entendimiento correcto y finalmente uno de los más grandes y sólidos pilares de la sabiduría.

Por lo general, el entendimiento está distorsionado por muchos elementos, entre otros:

— Juicios y prejuicios.
— Condicionamientos psíquicos, sociales y culturales, que se traducen como patrones, adoctrinamiento, esquemas y modelos.
— Imaginación incontrolada, que lleva a ver lo que se quiere o se teme o se supone que es, pero no a lo que realmente es, como el que confunde una inocente cuerda con una peligrosa serpiente, o una peligrosa serpiente con una inocente cuerda.
— Hábitos psíquicos y fosilizadas reacciones emocionales.

Al final no se consigue un informe fiable de lo que es. Por eso Buda en uno de sus más cortos pero preclaros sermones dijo: «Ven y mira»; es decir, ven y mira lo que es, no lo que temes, esperas, supones o quieres que sea. Eso es lucidez: ver lo que es. Cuando las cosas se ven como son, entonces hay lugar para una acción adecuada a ello y por tanto más diestra.

La lucidez es el antídoto de la ofuscación. La ofuscación conlleva entendimiento incorrecto, y la lucidez, correcto. Para ir progresando hacia una mente lúcida, se requiere:

— Juicio claro.
— Reflexión consciente.
— Imaginación controlada.
— Superación de esquemas y modelos, juicios y prejuicios, para que la percepción y la cognición puedan ser fiables.
— Práctica asidua de la meditación, ya que mediante la misma se afina y purifica la percepción y se esclarece la cognición.

Frenan la lucidez el apego, el odio, la confusión mental, la agitación de la mente, el miedo y las emociones negativas.

Cuando en la mente hay control, atención consciente, sosiego y ecuanimidad, es mucho más común que se desencadene la lucidez. Sobre todo una actitud de ecuanimidad es una base óptima para la lucidez, del mismo modo que la persona que ve con claridad adopta una actitud de firme ecuanimidad. Así la lucidez y la ecuanimidad se complementan y recíprocamente se apoyan, pues en último término la verdadera y espontánea ecuanimidad deviene cuando hay un entendimiento correcto que permite ver cómo son los fenómenos.

IX

Esfuerzo correcto y energía

*E*n la senda hacia el equilibrio interior se requiere necesariamente el esfuerzo, la voluntad bien dirigida, la energía bien dosificada y administrada. No se trata de un esfuerzo compulsivo o ascético, sino de un esfuerzo consistente y que nos ayude a desplegar nuestras mejores energías para llevar a cabo el entrenamiento y poner en marcha las actitudes y enseñanzas.

La energía está en todo ser humano. Muchas veces parece faltarnos por bloqueos, conflictos, tensiones, disipación de vitalidad. Esa energía se pone en marcha con la voluntad y la motivación. Hay que aplicarla de manera adecuada y no compulsivamente.

Existe una historia relacionada con Buda y uno de sus notables discípulos.

El discípulo de Buda que protagoniza esta historia era antes de ingresar en la orden uno de los mejores músicos de laúd del reino. Como no avanzaba espiritualmente tanto como deseara, comenzó a mortificarse y para ello caminaba descalzo por un terreno pedregoso. Cierto día, al pasar Buda por allí vio las piedras manchadas de sangre y se enteró de lo que había pasado. Hizo llamar al discípulo y le dijo:

—Sé que tú eres un gran músico de laúd. Déjame que te haga algunas preguntas. Cuando no tensabas adecuadamente las cuerdas del laúd, ¿sonaba bien?

—No, señor, muy mal, y además las cuerdas se enganchaban.

—¿Y cuando las tensabas demasiado?

—Tampoco, y entonces corrían el riesgo de quebrarse.

—¿Y si no las tensabas ni mucho ni poco, sino lo correcto?

—Así hay que hacerlo, y entonces las cuentas tocan maravillosamente.

—Pues de la misma manera hay que entrenarse —dijo Buda—, sin dejar de esforzarse, pero sin forzar en exceso, es decir, con equilibrio.

Era Buda el que señalaba que no conocía nada tan poderoso como el esfuerzo para vencer la apatía y la pereza, y afirmaba también:

Quien no se esfuerza cuando llega el momento de hacerlo; quien, aunque joven y fuerte, es perezoso; aquel cuyos pensamientos son descuidados y ociosos, no ganará la sabiduría que lleva al sendero.

Y a sus discípulos les exhortaba de esta manera: «¡Levantaos! ¡Incorporaos! Preparad sin desmayos vuestra paz mental».

Hay que reeducar la voluntad y aplicarla a la ejecución de las técnicas para transformar la mente, unificar las energías y conseguir la visión clara.

El esfuerzo es necesario para tomar la firme resolución de transformarse y poner los medios para ello e ir consiguiendo mutar la consciencia y obtener un conocimiento transformativo y liberador que dé por resultado el verdadero equilibrio interno. Hay cuatro esfuerzos conscientes para ir mejorando la calidad mental:

— El esfuerzo por desalojar de la mente aquellos pensamientos y estados que fueren negativos o insanos.
— El esfuerzo por impedir que vuelvan a entrar en la mente.
— El esfuerzo por suscitar pensamientos y estados mentales sanos y positivos.

— El esfuerzo por fomentar y desplegar esos estados mentales y pensamientos sanos y constructivos.

El esfuerzo también es necesario para la práctica de la meditación y la aplicación de las técnicas psicosomáticas y para la aplicación del trabajo interior en general; lo es, igualmente, para controlar los pensamientos, cultivar una ética genuina y realizar la acción consciente. El esfuerzo es la base de la disciplina espiritual y ésta es el medio de ir logrando una mente estable y sosegada, la visión clara y la realización de sí. Para ir liberando la mente de sus grilletes y corrigiendo las tendencias insanas, hay que recurrir a la energía y canalizarla de modo efectivo. El mismo recto propósito de mejorar y liberarse de inclinaciones dañinas requiere esfuerzo, como también el poder estar más vigilante a los pensamientos, las palabras y las obras y el poder rectificar para mejorar. ¿Cómo puede la firme resolución desenvolverse sin esfuerzo? ¿Cómo puede uno regular la conducta mental, verbal y corporal sin cierto esfuerzo?

Para superar los obstáculos que se van presentando se requiere mucha energía y es la única manera de no desfallecer. Y para poder llevar la atención y la ecuanimidad a la vida diaria hay que recurrir al esfuerzo. Poner la mente bajo control y ser virtuoso requiere energía, lo mismo que tratar de conocerse y de irse liberando de ataduras como la ofuscación, el apego, la aversión, el miedo y tantas otras.

Cuanto mayor sea la motivación de alcanzar el equilibrio interior, más fácilmente se desplegará el esfuerzo. Cuando surjan retrocesos —aunque sean aparentes— habrá que reduplicar el esfuerzo y no desfallecer.

X

Otros grandes factores de equilibrio

Aceptación consciente

Era Santideva, con su sabiduría no sólo espiritual, sino también cotidiana, quien decía: «Si tiene remedio, no te preocupes; si no tiene remedio, no te preocupes». El antídoto contra la amargura, la desesperación, la impaciencia y el desencanto es la aceptación consciente de aquello que no puede descartarse, porque de otro modo se añade desdicha a la desdicha, se despilfarran las energías y se enturbia aún más el ánimo.

La aceptación consciente nunca es fatalista resignación. Es aceptación de lo inevitable, de aquello que no puede modificarse. La persona hace lo mejor que puede, pero si no está capacitada para modificar una situación, la acepta sin añadir más pesadumbre e incluso aprendiendo de la misma.

Paciencia y aprendizaje

La paciencia es saber esperar, pero además saber hacerlo con calma, sin desfallecer, de forma ecuánime y resistente. A menudo las cosas no son siempre como queremos que sean. El ego infantil desea que todo suceda como él quiere y cuando él quiere, pero la vía no funciona así. Bien es cierto que, como decían los padres del desierto, la paciencia es la más difícil de las ascesis, porque todos queremos que las cosas ocurran en el momento en que deseamos que así sea y si así no fuere nos tensamos, angustiamos, desesperamos y creamos mucha ansiedad, perjudicándonos.

Los acontecimientos siguen su curso. Hay que saber respetarlos y saber cuándo es conveniente intervenir y cuándo abstenerse de hacerlo. No es fácil esa clara comprensión que nos orienta a hacer o dejar de hacer, según convenga, con idoneidad, sabiendo cuándo actuar y cuándo abstenernos de hacerlo. Ello forma parte del aprendizaje vital. Todo es aprendizaje, incluso el fracaso, las crisis, los errores, los desvaríos. Lo importante es saber corregir y ser paciente, incluso paciente con uno mismo, con los reiterados fallos, pero tratando de activar la atención y la ecuanimidad para no cesar en el laudable aprendizaje, en el proceso de madurez a través de la vida misma.

Contento interior

Nada tiene que ver el contento interior con el exterior. El segundo de ellos es reactivo y se debe a los agradables acontecimientos del exterior, pero como todo es contingente, también este contento se traduce en descontento y la satisfacción e insatisfacción. Es un contento muy precario, dependiente de las situaciones externas, y nada tiene que ver con el verdadero contento interno, que es el resultado de la madurez, de sentirse bien e integrado, de disfrutar del propio universo interior y haber potenciado los factores de autodesarrollo.

El contento exterior es placer o goce sensorial y depende de las situaciones, circunstancias, influencias y condiciones. Como éstas cambian, la persona pasa del contento al descontento, pues ya el viejo adagio reza: «La vida se encarga de desbaratarlo todo». En cambio, el contento interior, que no es reactivo ni se debe a situaciones internas, es mucho más profundo y estable y es la recompensa a superar nuestras carencias emocionales, cultivarnos psíquicamente, conocernos e irnos realizando.

Ese contento interior es contagioso, coopera en la dicha de los demás. Reporta ánimo, energía, vitalidad e intensidad.

No hay mayor contento que conocerse a uno mismo y conectar con su yo interior. Hay un cuento notable al respecto.

En la India un niño fue llevado a un colegio que estaba muy distante de su ciudad. Allí se quedó en régimen de internado. Cierto día se enteró de que en el colegio había otro niño de su ciudad y se sintió dichoso. Después tuvo noticias de que ese niño tenía su misma edad y sintió mucha satisfacción. Luego supo que se llamaba como él y se sintió muy dichoso. Cuando se enteró de que era extraordinariamente parecido a él, su dicha no tuvo límite.

Gustaba de contar este cuento Swami Chaitayanand para darnos a entender que cuanto más uno se conoce, más dicha obtiene.

Nisargadatta recordaba con gran acierto:

Lo que te ayuda a conocerte está bien; lo que te lo impide, mal. Conocer tu verdadero yo es la alegría; olvidarlo, la pena.

El contento interior, a diferencia del que reportan los órganos sensoriales y circunstancias gratas del exterior, no está sometido a las contingencias externas, porque deriva de la propia fuente interior, balsamiza y equilibra.

En la medida en que una persona se reintegra y armoniza, se conoce y realiza, se libera de las ataduras mentales y emocionales y va estableciéndose en el desapego, experimenta un contento sin sombra de dolor, como es el contento que deviene del exterior, que es seguido a menudo por el descontento, y por eso Jnaneshwari nos previene así:

Los placeres gozados acaban desvaneciéndose como un sueño, y dejan al hombre sumido en la desgracia. Esta clase de felicidad sólo acarrea la desgracia en este mundo, y se convierte en un veneno en el siguiente.

El contento interior es más seguro. Con el mismo contribuimos al contento de los otros y los apoyamos y confortamos. Representa una satisfacción real y por eso ayuda a recentrarse y hallar refugio en sí mismo.

Generosidad

El antídoto de la codicia, la avidez, la avaricia y el apego es siempre la generosidad, el darse y entregarse, el cultivar buenas relaciones y guiarlas con la benevolencia, la tolerancia, la comprensión y la bondad. La generosidad no consiste sólo en atender materialmente a los otros, sino en dar palabras confortadoras y amables, tiempo, dedicación y atención, apoyo y estímulo. La generosidad es una cualidad que siempre ha sido muy valorada por todos los grandes maestros y es signo de madurez y de haber ido superando muchas tendencias egocéntricas y egoístas. La persona narcisista no tiene ojos para ver las verdaderas necesidades de los demás; menos, pues, para atenderlas. Pero la persona que se ha liberado del exceso de ego está más capacitada para ser generosa y expansiva, para poder poner medios para que las otras criaturas sean dichosas y evitarles el sufrimiento.

Saber relativizar

Todo surge y todo se desvanece. Todo está pasando; todo discurre; nada se detiene. Hay cosas muy serias, pero otras muchas no lo son, pero nos alteran porque nos despiertan apego, miedo, desdicha y no sabemos verlas en su justo término, desmesurándolas o magnificándolas. ¡Cuántos apegos bobos, cuántas naderías que nos roban la paz interior! Nos dejamos afectar por nimiedades porque no sabemos relativizar y todo lo magnificamos, e incluso no le damos importancia a lo que la tiene y sí a lo más banal o trivial por falta de sabiduría discriminativa. Hay un texto de Ramaprasad Sem que es una fuente de consciencia e inspiración y que nos ayudará a aprender a relativizar y poner las cosas en su justo término:

Considera, alma mía, que no tienes nada que puedas llamar tuyo. Vano es tu errar sobre la Tierra. Dos o tres días, y luego concluye esta vida térrea; sin embargo, todos los hombres se jactan de ser dueños aquí. La Muerte, dueña del tiempo, vendrá y destruirá tales señoríos.

Tu amada, por quien tanto te preocupas, ¿irá contigo? No; antes bien, a menos que alguna desgracia haya caído sobre tu hogar, desparramará boñigas de purificación por la casa en que hayas muerto.

Examen y autocrítica sana

Verse tal cual se es y no ampararse en escapismos, subterfugios, justificaciones ni componendas. Tampoco decantar hacia actitudes de autoexigencia narcisista, de un empeño desmedido por estar a la altura del yo idealizado, dejando de ser uno mismo y trabajando sólo para la imagen, la personalidad, el ego. Ni incurrir en el extremo de la autoexigencia desmesurada ni en el de la excesiva autoindulgencia. Ambas cosas desequilibran y son a su vez resultado del desequilibrio y la visión incorrecta. Hay que aprender a examinarse y verse tal cual uno es, pudiendo así ir mejorando de verdad la calidad de vida interna, sin triunfalismos y sin autodesdén, en la senda del aprendizaje incesante, pero con una actitud ecuánime y no compulsiva. El menosprecio de sí y la sobrevaloración de sí son igualmente actitudes neuróticas que hay que ir superando y que irán debilitándose en la medida en que uno vaya madurando.

Ocupación sin preocupación

Muchas personas tienen tendencia a preocuparse, pero no a ocuparse. Se debilitan preocupándose y no se fortalecen ocupándose. ¡Qué insensatez! La preocupación no soluciona nada, ofusca, roba vitalidad, desconcierta y apesadumbra. La ocupación consciente es la procedente, poner manos a la obra cuando las circunstancias lo requieran. Si uno se preocupa luego está tan mermado en sus energías y tan alterado que no puede ocuparse como debe cuando llega el momento.

Acción sin agitación

Nadie puede dejar de actuar, ni siquiera un ermitaño. Todo en la naturaleza tiende a la acción. La misma naturaleza está siempre en acción. Pero se puede actuar con inquietud, agitación, impaciencia, angustia o, por el contrario, desde la pasividad interna, la calma profunda y la ecuanimidad. Si uno actúa con agitación se daña a sí mismo, ofusca la acción, se atolondra o aturde, pierde precisión y eficacia. Hay que ensayar para lograr mantener la pasividad interior y la mente calma aun en la acción más frenética.

Saber asir y saber soltar; la ley de la transitoriedad

Hay una ley inexorable: la de la transitoriedad. Todo fluye, nada permanece. Todo está sometido a la ley de la inestabilidad. Cuando la persona realiza con sabiduría esa ley y la vive desde su entendimiento correcto, aprende a tomar y a soltar, porque todo viene y va, porque todo surge y se desvanece. No se aferra, no se apega, no se encadena, y mantiene esa capacidad de vivir intensamente, con plenitud, pero sabiendo que antes o después igual que hay que asir hay que soltar, desasirse y desapegarse, permitir que la dinámica de los acontecimientos siga su curso.

Cuenta una historia muy significativa:

Eran dos jóvenes muy amigos desde la infancia. Un día pasó por su pueblo una caravana de gitanos y en ella viajaba una bellísima bailarina. La caravana partió y la mujer decidió pasar una temporada en el pueblo. Los dos jóvenes se prendaron de ella y a ella también le gustaban ellos. Durante meses los tres fueron muy felices. Pero cierto día la bailarina recibió un telegrama para que fuera a bailar a otro país, por lo que se despidió de los jóvenes y partió. Uno de los jóvenes se quedó deshecho, muy deprimido, y le comentó al otro:

—Me encuentro muy mal, realmente mal. Con lo que la amábamos y se ha ido. Y tú, ¿qué tal estás?

—Yo muy bien —repuso el otro joven—. Estaba muy bien antes de que viniera, la amé, se fue y estoy como antes de que llegara: muy bien. Además, todo lo que viene se marcha, ¿no es así? De verdad, yo estoy muy bien.

Problemas reales y problemas imaginarios

La vida es una sucesión de inconvenientes, dificultades y problemas. Podría ser de otro modo, pero no lo es, y antes o después se presentan los contratiempos, puesto que todo son alternancias, vicisitudes. Hay que saber aplicarse al problema y tratar de solucionarlo, si es posible; hay que atajar las complicaciones y con ecuanimidad intentar solucionarlas o por lo menos no añadir complicaciones a las complicaciones. Una mente despierta, expeditiva, que no se deja afectar tanto, que pierde la visión clara para resolver los problemas o asumirlos conscientemente, y por lo menos no crear problemas ni tratar de «resolverlos» con soluciones imaginarias.

Muchas veces podemos resolver las cosas, pero otras no. Siempre podemos, eso sí, trabajar con nuestra actitud de acuerdo a las circunstancias. Hay que saber enfrentarse a los hechos sin subterfugios, porque los

placebos dan muy mal resultado, igual que las composturas. Son muy sabias las palabras del *Yoga Vasishtha*:

A aquel que contempla en calma el transcurso del
mundo tal como se desarrolló o se presenta ante él y permanece sonriente pese a las vicisitudes, se le llama yogui imperturbable.

Amar el proceso

Por mirar tan lejos no ves lo que hay de hermoso y precioso tan cerca. Así es la mente. Otro de sus burdos trucos. Tanto estás en la expectativa que no estás en lo que
es, pero además las inciertas expectativas de futuro crean
no poca ansiedad.

El proceso se desarrolla a cada momento. La meta está
en otra parte, quizá se llegué a ella o quizá no, pero el
proceso siempre está. Hay que aprender del mismo, va-
lorarlo, sacarle su vigor y su enseñanza. La precisión y
la destreza se desarrollan en el proceso mismo y no en-
soñando la meta. Si la mente está en la meta, se distrae
y pierde eficiencia y está más en lo que puede llegar a
ser que en lo que es. Entonces no se valora lo que es, sólo

lo que puede ser. Otra gran artimaña, una de las pero-res. Ningún alpinista quiere llegar a la cima en autogi-ro, sino viviendo el proceso, porque como rezan los ta-oístas, el camino es la meta, y en verdad cada paso, cada momento vital, cada instante, es la meta.

Siempre parece mejor lo que pueda llegar, lo que pue-da traernos el mañana. Y si el mañana es dentro de diez años, uno ha perdido cada día de esos diez años pen-sando en una década después. ¡Vaya negocio!

Hay lo que hay. Es lo que es. Cada instante cuenta. Bastante efímero es todo como para estar en lo que pue-da llegar a ser y no valorando lo que es. En el texto co-nocido como *Vajracchedika Prajnaparamita* podemos leer:

Así debéis considerar todo lo de este mundo efíme-ro: una estrella al amanecer, una burbuja en un arroyo; un relámpago en una nube de verano; una llama vaci-lante, una sombra y un sueño.

Prudencia e idoneidad

Hay que saber custodiar la mente, la palabra, las obras. Hay que determinar cuándo hacer o dejar de hacer, intervenir o abstenerse de hacerlo. Hay, en suma, que encontrar para todo el momento idóneo, propicio, conveniente. Una vez dicha la palabra o ejecutado el acto, nos hacen sus siervos, y ya no hay marcha atrás. Por eso es tan importante la reflexión antes de hablar y actuar, y también llevar esa vigilancia a los pensamientos.

La prudencia deviene de la autovigilancia y la contención, pero también del discernimiento. Hay que saber hacer una pausa unos instantes y no dejarse arrebatar y arrastrar por la compulsión, que tan malos resultados acarrea. La clara comprensión de la idoneidad es esencial. Sirve de brújula en los actos de la vida.

Resistencia pasiva y confianza en uno mismo

Muchas veces no hay mayor acción que la inacción: no hay mayor fuerza que la pasividad; no hay mayor energía que saber estar y ser, en el propio centro, imperturbado. La resistencia pasiva era la gran herramienta del mahatma Gandhi. Resistir sin violencia ni agresividad, sin saña ni odio, con sosiego y lucidez, confiando en los propios potenciales y en el pensamiento recto, la palabra recta, la acción recta y los rectos propósitos. De todo ello surge una gran fuerza, un notable poder interior.

El control de la mente reporta el verdadero poder interno, que hace posible la resistencia pasiva y la confianza en sí mismo. En el *Maitri Upanishad* se nos dice:

La mente, en verdad, es el mundo. Debemos purificarla enérgicamente. Asumimos la forma de lo que hay en nuestra mente. Éste es el eterno secreto.

Respetar el curso de los acontecimientos sabiendo cuándo intervenir y cuándo no

A veces intervienes, no deberías hacerlo, y malogras lo que querías arreglar. Otras tendrías que intervenir presto, no lo haces, y no solucionas lo que bien podrías haber solucionado. Es bien conocida esa pequeña especie de oración que dice: «Señor, que pueda hacer cuando deba hacerlo y dejar de hacerlo cuando sea preciso. Dame sabiduría para saber cuándo hacer y cuándo dejar de hacer».

Hay que recurrir al discernimiento, basado en la observación atenta, pero no es fácil ese tipo de observación porque hay muchas ideas incontroladas que anegan la mente. Ya lo dice Krishnamurti: «Observar requiere mucha energía, mucha vitalidad, una gran investigación a fin de poder ver lo que realmente es».

Sólo así se hace posible discernir cuándo intervenir o dejar de hacerlo y poder cultivar una actitud que permita el respeto por el curso de los acontecimientos. Hay también que aprender a saber aprovechar la dinámica de la naturaleza y los fenómenos y no crear resistencias inútiles. Hay una historia de tinte taoísta muy orientadora:

Se celebraba en un río un concurso de natación en presencia del monarca, al que asistían los mejores nadadores del reino. Sucedió que el día antes de la prueba llovió torrencialmente y las aguas del río iban muy violentas, pero no se suspendió la prueba para no desairar al rey. Se dio la señal de salida y comenzó la prueba. Las dificultades eran extremas y los nadadores, al sufrir percances o sintiéndose intimidados, fueron abandonando. Sólo quedaban los tres mejores, pero uno de ellos chocó con una piedra y tuvo que abandonar; el otro se golpeó con las ramas de un árbol e hizo lo mismo; el tercero fue cogido por un violento remolino y estuvo a punto de ahogarse, y también dejó la prueba.

Pero de repente, ante la sorpresa de todos los espectadores, se constató que otro nadador seguía en la prueba. Se dejaba llevar por las aguas con extraordinaria habilidad, de aquí para allá, salvando todos los obstáculos, hasta salir, finalmente, victorioso, llegar a la meta y ser proclamado vencedor entre vítores. El monarca le hizo llamar, le felicitó efusivamente y luego le preguntó:

—¿De qué parte del reino vienes? ¿En qué escuela de natación te has formado? Ha sido verdaderamente extraordinaria tu proeza. ¿Llevas muchos años nadando?

—¡Oh, señor! —exclamó el joven—. Yo soy un simple campesino que iba caminando por el senderillo, tropecé y me vi de pronto en el río. Entonces, en lugar de crear resistencia a las arrolladoras aguas, me dejé llevar por ellas. Ellas me conducían y yo permitía que ellas lo hicieran, así he podido salvarme.

El silencio interior

El silencio interior es lenitivo; todos tendríamos que buscarlo unos minutos al día, porque nos renueva, revitaliza, conforta, limpia y ordena. Pero el silencio interior es aún más importante; lograr que cese el enojoso ruido de la mente, su charloteo continuo, y disfrutar de ese silencio interior que permita escuchar la voz de nuestro ser real. Cuando no hay pensamiento, el ego se rinde, y se manifiesta la energía del ser. Ramana Maharshi, conocido como el «sabio del silencio», decía:

> El estado que trasciende la palabra y el pensamiento es silencio. Es meditación sin actividad mental. Someter la mente es meditación. La meditación profunda es la palabra eterna. El silencio es siempre elocuente; es el fluir permanente del lenguaje. El silencio es elocuencia permanente; es el mejor idioma.

Igual que el ayuno puede ser muy lenitivo y purificador para el cuerpo, el silencio interior lo es para la mente.

Saber manejarse con el miedo

El miedo tiene gran valor. No es un enemigo, es un aliado, pero cuando el miedo es imaginario y da paso a toda suerte de temores infundados, entonces se convierte en una gran atadura y crea mucha desdicha e incertidumbre.

El miedo es un código de supervivencia, nos previene y custodia. Sin embargo, cuando es miedo aprendido o el recuerdo de situaciones pretéritas que nos han causado malestar, se convierte en miedo limitador e improductivo, igual que el que deriva de la fantasía incontrolada y anticipa situaciones penosas.

Son los temores infundados, fóbicos, los que causan mayor malestar y además no aportan nada constructivo, porque en tanto el miedo es un despertador y nos avisa del peligro para tratar de autodefendernos, creando una reacción de angustia; el miedo imaginario o neurótico no hace otra cosa que encarcelar a la persona y robarle su vitalidad e intrepidez.

Todo el mundo tiene algún tipo de temor, porque en cuanto una persona sale de su parcela de dominio se siente insegura y la inseguridad es un tipo de miedo. Hay que aprender a desenvolverse con los miedos, y para ello hay que ir optando por la estrategia que uno pueda llevar a cabo de acuerdo a la intensidad de tales miedos, sabiendo que el miedo es humano y que incluso los tenidos por héroes lo padecen. Con respecto al miedo debemos saber que:

- Cuando sea posible hay que atravesarlo y disolver el miedo. Dice el cuento del león del lago:

Había un león que tenía mucha sed y se acercó al lago a beber, pero al ver su rostro reflejado en las cristalinas aguas del mismo, se creyó que era el león que custodiaba el lago y se fue corriendo del lugar, con miedo. Pero tenía mucha sed, volvió al lago y al ver la cabeza del león del lago rugió, pero vio cómo se enfurecía la expresión de su «enemigo» y salió corriendo, aterrado. Era, sin embargo, tanta la sed que lo devoraba que pensó que tenía que beber aunque fuera engullido por el león del lago. Fue hasta el lago, vio, espantado, las fauces del león del lago, pero no pudiendo aguantar más la sed, metió la cabeza en las aguas... y entonces su «enemigo» se desvaneció.

Así atravesó el animal el miedo. Pero no siempre es posible hacerlo y en tal caso uno no debe sentirse mal por no poder lograrlo ni dejar que su amor propio y su ego se resientan.

- Hacer las cosas aunque se tenga miedo, es decir, no dejar que el miedo nos paralice y nos impida seguir con nuestras actividades.
- Evitar el miedo al miedo y ver el miedo como un proceso, tratando, cuando sea posible, mediante la

vigilancia y la ecuanimidad, de no dejarse tanto identificar o arrebatar por el mismo.

En la medida en que la persona se va reorganizando psíquicamente y va recuperando el equilibrio interior, muchos miedos y temores van cayendo por sí mismos, incluidos todos aquellos que podríamos llamar los temores del ego: miedo al rechazo o a la negación, a la de aprobación o a la falta de consideración y un largo etcétera.

Superar la frustración

La vida es una sucesión de crisis y de frustraciones. No tener lo que uno desea es frustrante y para muchas personas es una fuente de dolor y malestar. Siempre que el apego o deseo se ve truncado, produce por lo general frustración, y lo mismo ocurre cuando no se consigue aquello que uno se propone.

Hay que aprender a superar las frustraciones y no dejarse condicionar demasiado por ellas, aunque en el principio causen malestar. Nadie está libre de frustraciones, puesto que ninguna persona puede conseguir que las cosas sean siempre como desea. Hay que aprender a superar dentro de uno las frustraciones, cerrar los anillos que han quedado incompletos y tratar de obtener más sabiduría vital. De igual manera hay que aprender de los fracasos y salir renovado y fortalecido de las crisis para no permitir que las dificultades nos desequilibren, sino transformarlas en aliados para el equilibrio interior y el fortalecimiento anímico.

Amabilidad y compasión, el gozo de compartir

Aquello que uno tenga la fortuna de poseer, sean bienes materiales o espirituales, debe compartirlo. Es un gozo y un privilegio.

La amabilidad es un puente maravilloso que hay que tender hacia las otras personas. Ser amables en pensamientos, palabras y obras, evitando la acritud, la mordacidad, el talante hosco y la ironía. Casi todas las personas agradecen, y mucho, la amabilidad.

La compasión es padecer con. Está muy íntimamente relacionada con la benevolencia, la comprensión, la indulgencia y el amor. Es el antídoto de la ira, el odio, la animadversión, la antipatía y el desdén. Este mundo necesita mucha compasión y mucha benevolencia. Es la más preciosa de las cualidades anímicas. Mediante ella uno se identifica con las necesidades ajenas y trata de atenderlas. Todos los más grandes maestros del espíritu han exhortado a la compasión y el amor. En el budismo hay un sutra (sermón) dedicado totalmente al amor. Es muy inspirador y aleccionador y un recordatorio excelente. Dice:

Que sean capaces y probos, rectos, de lengua cortés y sin orgullo. Que estén contentos y tengan fácil apoyo, libres de carga y sus sentidos en calma. Que sean sabios, no arrogantes y sin apego a los bienes de otros. Que sean incapaces de hacer algo malo o algo que los sabios pudieran reprobar. Que todos sean felices. Que vivan en seguridad y regocijo. Que sean felices todos los seres vivos, tanto débiles como fuertes, altos y robustos, de talla media o pequeña, visibles o invisibles, próximos o distantes, nacidos o por nacer. Que nadie defraude a otro o desprecie a un ser, cualquiera que sea su estado, no permitiendo que la rabia o el odio nos haga desear el mal a otro. Como una madre vela por su hijo, dispuesta a perder su propia vida para proteger a su único hijo, así, con corazón desprendido, se debe cuidar a todos los seres vivos, inundando el mundo entero con una bondad y amor que venzan todos los obstáculos. De pie o andando, sentado o echado, durante todas nuestras horas de paseo, debe recordarse conscientemente a este corazón y su forma de vivir que ésta es la mejor en el mundo. Sin aferramiento a la especulación, a las propias miras y deseos, y con una visión clara, una persona tal nunca volverá a nacer en el ciclo de sufrimientos.

XI

El equilibrio afectivo

De la misma forma que nos sentimos nos relacionamos. Somos seres de relación y en ésta cada uno pone lo que palpita en su alma. Si una persona tiene muchas carencias emocionales, y tendencias de celos, envidia, resentimiento, egocentrismo e inseguridad, por ejemplo, todo ello salpicará la relación de afecto y la desequilibrará antes o después, impidiendo crear vínculos afectivos sanos, paterno-filiales, de amigos, de pareja o de hermanos.

Si una persona se ha ocupado de madurar, de crecer interiormente y dominar sus reacciones emocionales, de cultivar sus emociones sanas y regular sus palabras y actos, estará mucho más capacitada para mantener relaciones armónicas y tender lazos afectivos consistentes y sanos.

Hay que tratar de liberar cualquier relación afectiva de contaminaciones, como el afán de posesión, el apego, el afán de dominio, las dependencias, las actitudes simbióticas, las falsas expectativas, los celos, las tendencias a manipular o presionar, imposiciones y reproches. Todas esas contaminaciones falsean la relación y la pueden enfermar o arruinar.

En las relaciones afectivas tiene que imperar la comprensión, el respeto por los tres espacios (lo tuyo, lo mío y lo nuestro), la tolerancia y una tendencia a cooperar en el crecimiento de las otras personas. Hay tres tipos de relación insana: la de dependencia excesiva, la de afán de dominio y la simbiótica. La relación sana lo es desde la interrelación fecunda.

Toda relación auténtica debe ser mutua, de recíproca ayuda en los más diversos órdenes, pero libre de extorsiones o presiones. Hay que cuidar la relación y saber conciliar y armonizar intereses, pero respetando las propias perspectivas.

Cuando hay armonía la relación es más equilibrada, pero si los que se relacionan están muy desarmonizados e inmaduros, la relación se resentirá, por mucho cariño que pueda haber.

Es también esencial en las relaciones —si se quiere que sean equilibradas— vigilar las actitudes y tendencias egocéntricas e ir aprendiendo a relacionarse también y, sobre todo, desde el ser y no desde la prisión del ego.

Las relaciones egocéntricas se dan en líneas paralelas y no puede haber genuina interacción.

En las relaciones los que intervienen deben poner medios para que las otras personas se desarrollen interiormente y sean libres y plenas; hay, pues, que poner alas de libertad y no querer limitar y cercenar la libertad de los otros, porque no son de nuestra propiedad.

La persona madura se empeña en lograr relaciones fecundas y equilibradas, una afectividad sana que favorece a todos los que intervienen en la relación, evitando el contagio de estados nocivos de ánimo, inculpar o increpar a los otros, los conflictos y fricciones que dejan heridas, aunque sean inconscientes, y van en detrimento de las relaciones. Por el contrario, el que no está maduro sabotea la relación, la perjudica consciente o inconscientemente, se permite conductas posesivas y manipuladoras. Una persona inmadura puede dañar una relación dando rienda suelta a su carácter hosco y agresivo o, por el contrario, patológicamente dependiente, o tornarse afectivamente anestésica y apartarse de los demás, incurriendo en el aislacionismo. Todas son conductas neuróticas, en las que no impera una interrelación madura y sana, constructiva.

Para que sean equilibradas también deberá evitarse el orgullo desmedido, ese orgullo neurótico que daña la relación; posiblemente todos hayamos perdido alguna vez una relación por falso amor propio o por aferrarnos a nuestro ego y a nuestros estrechos puntos de vista. Hay que saber ser permisivo, perdonar y, como señalo en mi obra *El libro del amor,* amar con sabiduría y conscientemente.

XII

La salud emocional

*B*uda decía:

Dieciséis veces más importante que la luz de la luna
es la luz del sol; dieciséis veces más importante que la
luz del sol es la luz de la mente; dieciséis veces más importante que la luz de la mente es la luz del corazón.

La salud emocional debería requerir toda la atención de una persona, sobre todo si aspira al equilibrio
interior.

El sistema emocional es tan rico como complejo. Está
formado por los afectos propiamente dichos, las emociones, los sentimientos, las pasiones y el tono afectivo
o humor. Podemos asegurar que la salud emocional es
tanto más firme y desarrollada cuanto más primen los
afectos positivos y constructivos, los buenos sentimientos, las emociones sanas, las pasiones conscientes y bien

dirigidas y el humor estable o equilibrado. No es fácil, empero, encontrar una persona que (salvo que se haya trabajado mucho en este sentido) disponga de tan óptima salud emocional, pues es más común que pueda haber afectos negativos y destructivos, sentimientos nobles e innobles, emociones sanas e insanas, pasiones inconscientes e incontroladas que arrebatan y un tono afectivo muy fluctuante e incluso desequilibrado. Por esta razón escribí una de mis obras mejor acogidas a la que denominé *Terapia Emocional*.

¿En qué consiste lo que podemos llamar terapia emocional y por tanto terapia tendente a conseguir una buena salud emocional? En poner en marcha todas las condiciones para liberarnos de la insania emocional y cultivar una dimensión emocional verdaderamente estable y constructiva. Para ello tendremos que:

- Propiciar los afectos constructivos, basados en la sana interrelación, la empatía, la concordia, el respeto recíproco, el ánimo de cooperar, la compasión y la indulgencia, neutralizando los afectos negativos y aquellos que sean dependientes o simbióticos.
- Potenciar los sentimientos hermosos y nobles, tratando de debilitar los nocivos y destructivos.

- Cultivar, estimular y desplegar, así como manifestar, emociones sanas como alegría, ecuanimidad, desprendimiento y tantas otras, neutralizando y enfriando las insanas, y evitando manifestarlas (celos, odio, envidia, rabia, resentimiento y muchas otras).
- Aprender a conciencia las pasiones y saber analizarlas para no ser una marioneta de las mismas, sobre todo de aquellas que sean destructivas o autodestructivas.
- Estabilizar el tono afectivo, evitando fluctuaciones hacia la euforia desmesurada o hacia la depresión, aplicando para ello la ecuanimidad y la visión clara.
- Asimismo hay que tratar de conciliar los intereses propios con los ajenos e ir logrando una relación sana y cooperante con las otras personas.

XIII

El entrenamiento psicosomático y el adiestramiento mental

Entrenamiento psicosomático

Somos entidades bio-psico-sociales. El verdadero equilibrio tiene que alcanzar, pues, ese microuniverso que somos, a todo él y no sólo a una parcela o manifestación del mismo.

Disponemos desde que nacemos de unos instrumentos psicosomáticos: un cuerpo y una mente, y una energía que los anima y alienta. Estos instrumentos terminarán por declinar, pero hasta que lo hagan debemos mantenerlos en buenas condiciones y, sobre todo, instrumentalizarlos en la senda hacia nuestra realización, evitando que se conviertan en un grave obstáculo. A cada persona, pues, compete cuidar, atender, ejercitar y equilibrar su organización psicosomática y utilizarla como medio de crecimiento interior y autodesarrollo. Tenemos que atender este universo en miniatura que somos; para armonizar el cuerpo y la mente, las técnicas más favorables y eficientes son las del hatha-yoga o yoga psicofísico:

- Asanas o posturas corporales que van simultaneando masajes y estiramientos, así como presión en puntos vitales. Tienen un carácter profiláctico, terapéutico y recuperativo; todos estos esquemas corporales (verificados al máximo) le otorgan también sosiego y equilibrio a la mente y reunifican las energías dispersas. Son de gran efectividad para prevenir la tensión, la ansiedad y el abatimiento, y trabajan tanto sobre el cuerpo físico como sobre el energético. Están al alcance de cualquier persona, sana o enferma, joven o anciana. Existen muchos tipos de asanas para poder asistir a todos los aparatos y sistemas del cuerpo, neutralizar la ansiedad y relajar psicosomáticamente. Al trabajar conscientemente sobre el cuerpo, se está trabajando sobre la mente y el sistema emocional.
- Pranayama o técnicas de control respiratorio, tanto para purificar e incrementar las energías como para sedar el sistema nervioso, introvertirse y combatir la agitación mental.

- Savasana: técnicas de relajación consciente y profunda.
- Mudras y bandhas: métodos de acción neuromuscular muy poderosos y que ayudan a encauzar todas las energías y adquirir un gran dominio psicosomático.
- Técnicas de limpieza e higiene denominadas shatkarmas.

Incluyo estas técnicas en algunas de mis obras, entre ellas, *Yoga para todos* y *Yoga para una vida sana*. Lo importante es practicarlas con rigor y regularidad para obtener un buen equilibrio no sólo psicosomático, sino también interior.

El adiestramiento mental

El adiestramiento mental es verdaderamente importante en la senda del equilibrio interior. Se le ha venido denominando en Occidente «meditación», y representa el cultivo, entrenamiento y desarrollo de la mente.

La mente es perfeccionable y desarrollable y la consciencia si uno se lo propone puede evolucionar y brindarnos así sus magníficos frutos. La consciencia es darse cuenta, sentir, vivir; es intensidad, vitalidad, plenitud, energía y conocimiento, y cuanto más desarrollada esté, es decir, cuanto más conscientes seamos, mejor nos sentiremos, relacionaremos, percibiremos, conoceremos y actuaremos. Uno de los grandes propósitos de nuestra vida debería ser hacernos más y más conscientes, venciendo así la mecanicidad y confiriéndole mayor intensidad y brillo a cada momento de nuestras vidas, pues como dicen los maestros zen, a medida que el color se torne más color y el sonido más sonido iremos ganando terreno a la oscuridad del subconsciente e iluminándolo.

Hay que ir aprendiendo a poner la mente bajo el control de la voluntad y a sanearla, estabilizarla, dirigirla, y obtener los mejores frutos de la misma, aprendiendo también a desarrollar sus potenciales, a pensar y a dejar de pensar, a crear actitudes saludables y a poder confiar en ella.

XIV

Yoga y equilibrio

*E*l yoga es el método más antiguo y perfecto de control psicosomático y mental del mundo: tiene más de siete mil años. Es una ciencia integral de la salud y del equilibrio, además de una técnica espiritual que permite otorgarle a la mente un estado de gran paz y una cualidad de sabiduría y compasión. En última instancia el yogui anhela conquistar el denominado samadhi, un estado elevadísimo de consciencia que libera la mente de todas sus ataduras y contaminaciones y reporta la completa emancipación espiritual. El samadhi pone término a la codicia o apego, al odio, al miedo y a la ofuscación, y reporta un tipo especialísimo de percepción y cognición que dota a la persona de contento interior, sosiego imperturbable y gran lucidez.

Por el carácter de esta obra nos centraremos en el yoga mental y el desarrollo de la mente para la conquista del equilibrio interior, dejando de lado otros yoga que he abordado a fondo en otras de mis obras. El yoga es la psicología práctica de la autorrealización más antigua del mundo y nos aporta enseñanzas y métodos muy fiables y eficientes para ir transformando la mente y purificando el entendimiento, consiguiendo así también una acción más diestra y una actitud más fértil de vida. La mente agitada nos roba energías y nos sustrae el verdadero entendimiento, aunque a veces creamos que nos aporta algo. Cuenta una historia:

Un perro encontró un hueso totalmente calcinado en un descampado y comenzó a roerlo. Una esquirla del hueso le hirió una de las encías y comenzó a sangrar. Al tragar la sangre creyó que le estaba sacando mucha sustancia al hueso y, sin embargo, no hacía otra cosa que comerse su propia sangre.

Así es la mente, siempre royendo y no sacando ninguna sustancia.

Hay que aprender a sosegar la mente y también a saber pensar y dejar de pensar. El yoga mental es el control de las ideas en la mente. La mente, el carácter, la psique, pueden reeducarse y equilibrarse. Para ello están todas las enseñanzas de los yoguis desde tiempos remotos y toda una precisa metodología para la transformación y el mejoramiento. Se nos han ido facilitando toda suerte de claves y pautas. En el *Srimad Bhagavatam* se nos aconseja:

Permanece contento sin que te importe tu suerte; sé moderado en la comida, la bebida y en el tiempo libre; camina por los senderos de la soledad; busca la paz en tu corazón; sé amigo de todos, no te quejes de sus fallos.

Con simpatía atiende a sus sufrimientos; siempre a punto para recibir ese conocimiento que revela la Verdad.

Libre de las redes de la ignorancia, libre de la conciencia terrenal, conocerás al Ser, al infinito y santo Ser, divinamente libre.

Mediante el yoga mental se trata de recuperar nuestro verdadero ser interno y no dejarnos atrapar y confundir por el yo social, por la personalidad y por todo lo adquirido, pues al identificarnos nos vamos alienando y desequilibrando.

La mente está encadenada por la ofuscación, la avidez, el odio, los complejos y traumas y los condicionamientos más diversos; todo ello impide el equilibrio interior, el sosiego y la lucidez. Hay mucha ignorancia en la mente, tanto es así que el *Dhyanabindu Upanishad* nos dice:

Alta como una montaña, larga como mil leguas, la ignorancia acumulada durante la vida sólo puede ser destruida a través de la práctica de la meditación: no hay otro medio posible.

El yoga mental o radja-yoga apunta a la mente para sanearla y potenciarla, además de liberarla de toda clase de trabas y obstáculos que le impiden madurar, la desequilibran y le causan desdicha. Hay que calmar la mente. Como dice el *Bhagavad Gita:*

> Cuando la mente ha sido calmada, el yogui alcanza la suprema felicidad del alma que se ha unido al Absoluto, felicidad exenta de imperfecciones o de pasiones.
>
> Al estar limpio de la mancha de la pasión y al practicar el yoga, el yogui alcanza la felicidad en su unión con el Ser Supremo, felicidad que es inigualable.
>
> La persona que está en el yoga, que ve el Yo en todos los seres y todos los eres en el Yo, posee una visión pura.

El trabajo sobre la mente es esencial. Todos los seres humanos tienen en principio un gran problema, una enorme dificultad: su propia mente. La mente es atadura, grillete, traba, impedimento. Se interpone en la senda hacia la paz y el equilibrio; engendra conflicto y tensión, insatisfacción profunda y malestar. Una mente así hay que transformarla, reorientarla, ponerla al servicio del bienestar y el equilibrio y no del malestar y el desequilibrio. Hay que recuperar el centro de la mente, su esencia, para no dejarse aturdir y esclavizar por los pensamientos. En la fuente de la mente está lo más real y silente, reconfortante y pleno de sí mismo; por eso el sabio Shankaracharya decía:

> Que el sabio, despojándose de sus disfraces, se sumerja completamente en el Ser que impregna todo, como el agua en el agua, el éter en el éter, la llama en la llama.

La mente debe aprender a estar centrada, en sí misma, sin dejarse confundir por el río de pensamientos incontrolados. Hay un adagio: «En la raíz de la mente, paz; en la corriente de los pensamientos, desdicha». El yogui aprende a no dejarse arrebatar por sus pensamientos neuróticos y a mantenerse afincado y equilibrado en su centro, en la fuente de la mente, que a su vez está asida a la conciencia. Se nos dice en el *Ashtavakra*:

> Autogobernado, libre de máculas, siempre cabal, así eres tú en la impasible felicidad interior. De insondable

inteligencia, sin agitaciones, imperturbable, tal eres tú. Por ello debes tener tu mente dirigida sólo a la Conciencia.

El yogui aprende a estar en el mundo, atento y sosegado, para no dejarse tanto acaparar por la vida y los acontecimientos que le alienen y desequilibren. Por eso es tan importante una actitud correcta ante la acción, que se cifra del siguiente modo:

— Haz lo mejor que puedas en todo momento y circunstancia.
— No te obsesiones por los resultados, si tienen que venir lo harán por añadidura.
— No te encadenes ni a la acción ni a sus frutos.
— Actúa más de forma desinteresada y sin egoísmos.
— Aprecia el proceso y no sólo el resultado; obra por amor a la obra.
— No confundas acción con agitación. Actúa con precisión y destreza pero sin agitación.

Vivekananda era un yogui muy práctico y activo que explica muy bien la actitud que debe cultivarse (y que nos protegería de todo estrés y ansiedad):

Trabajad por amor al trabajo. Hay en cada país unos pocos seres humanos que son, realmente, la sal de la tierra y trabajan por amor al trabajo, sin preocuparse del renombre ni la fama, ni siquiera de ir al cielo. Trabajan simplemente porque de ello resulta el bien.

No es fácil, porque el ego está siempre por medio, pero podemos por lo menos empezar a valorar la acción por la acción misma, como reza el adagio: «El camino ya es la meta», y no estar tan obsesionados por los resultados, pues si lo hacemos lo mejor que podamos es más fácil que se obtengan, pero si no llegan por circunstancias que no podemos controlar, nada hay que hacer, sino al menos no ansiarse. Dice otro adagio: «Nadie puede empujar el río».

Explicaba también Vivekananda:

Sed desapegados; dejad que las cosas actúen, que actúen los centros cerebrales; actuad incesantemente, pero que ni una sola onda conquiste la mente. Trabajad como si fuerais, en esta tierra, un viajero. Actuad incesantemente, pero no os liguéis; la ligadura es terrible. Este mundo no es nuestra morada, es solamente uno de los escenarios por los cuales vamos pasando. Recordad aquel gran dicho de la filosofía Samkhya: «La totalidad de la naturaleza es para el alma, no el alma para la naturaleza».

Meditar y actuar, e incluso permanecer meditativo o contemplativo en la acción. No agitarse, no preocuparse, no ansiarse. Decía Buda: «Entre los desasosegados, vivamos con sosiego».

El yoga es la senda del sosiego. Comienza por la vía de la observación de uno mismo y la autovigilancia para entrar en la del autodescubrimiento y el autoconocimiento, para seguir con la de la transformación y culminar en la de la realización. Ofrece un enorme caudal de enseñanza y métodos para equilibrarse, sosegarse y ser. Nada tan importante como ser y serse, vivir en uno mismo, pero no desde el ego, sino desde el ser. Hay mucho que aprender y mucho que desaprender para volver a aprender. El yoga mental nos enseña a manejarnos con la mente e ir poniéndola a nuestro servicio, pues generalmente estamos al servicio de ésta. Es buena sierva; es mala ama. Encadenada por las emociones negativas, la ofuscación y la avidez, los celos y el odio, no es buena compañera. Pero si se la libra de todas esas contaminaciones, si la tornamos clara como un cielo límpido y despejado y tranquila como las apacibles aguas de un lago, es reveladora y nos ayuda a caminar por la senda de la vida y a realizar el trabajo interior. Todo nace de la mente. También el equilibrio y el desequilibrio surgen en la mente; la mente es la causa de ambos. Dirige tu mente, estabilízala y sanéala para que puedas disfrutar del equilibrio y estar en tu eje; de no ser así, tenderás al desequilibrio y a la desdicha.

Al calmar la mente, el cuerpo se sosiega, el espíritu se serena. En esa calma profunda nos sentimos en la profundidad reconfortante del ser. La meditación nos ayuda a parar, a desconectar, a ser. Hay un texto de yoga de maravillosa sabiduría, es el *Yoga Vashishtha*, en el que podemos leer:

> Ve y zambúllete en el sereno mal de la soledad espiritual y lava tu alma con el néctar de la meditación ambrosíaca. Sumérgete en la profundidad de la Unidad y aléjate de las olas saladas de la dualidad y de las aguas salobres de la diversidad.

Al poner la mente bajo control, también empezamos a dominar el ego, porque pensamiento y ego son socios. El ego crea mucha infelicidad y con sus pasiones, apego y odios, crea mucha incertidumbre y desdicha. Es muy difícil dominar el ego, pero a través de la meditación se va consiguiendo, y también apoyándose en el discernimiento puro. Hay una historia que demuestra hasta qué punto el ego se resiste a ser controlado:

Era un eremita anciano que, debido a sus penitencias, había desarrollado poderes psíquicos. Cierto día el señor de la muerte, Yama, le dijo a su emisario que fuera hasta el eremita y le sacara el alma, pues había llegado su hora de morir. Cuando el emisario se estaba acercando, el ermitaño, con su intuición, se percató de lo que iba a pasar, y con sus poderes multiplicó su forma física en cuarenta. Llegó el emisario y no supo cuál debía tomar. Volvió a reunirse con el señor de la muerte y le contó lo sucedido. Yama le dio unas instrucciones al oído a su emisario. Éste volvió hasta donde estaba el eremita, que, de nuevo, antes de que llegara, multiplicó en cuarenta formas su cuerpo. Entonces el emisario de la muerte dijo:

—¡Muy bien, muy bien! ¡Es magnífico! Pero hay un pequeño fallo.

Herido en su orgullo, el ermitaño preguntó:

—¿Cuál?

Y entonces el emisario cogió al verdadero ermitaño y se lo llevó al reino de la muerte.

Para poder conseguir una mente más reposada y ecuánime está el yoga mental. Nos va desplazando a un estadio de mente más quieto, lúcido, sosegado y menos egocéntrico. Ese estado de mente nos será de gran ayuda en toda situación, y nos ayudará a mantener «la cabeza tranquila cuando todo es cabeza perdida», como dijera Kipling en su significativo poema. Volviendo al *Yoga Vashishta*, nos instruye:

Nuestros deseos y aversiones son dos monos que viven en el árbol de nuestro corazón; mientras lo sacudan y lo zarandeen con sus brincos y sobresaltos, no puede haber reposo.

Hay que ir encontrando el punto de quietud, un estado de calma en la vida diaria, y sabiendo contemplar, con sosiego, los arabescos y configuraciones de la vida, el transcurso de los hechos y acontecimientos. Aquel que va recobrando el equilibrio interior, y se va emancipando espiritualmente, disfruta de un estado de quietud muy preciado. En esa formidable epopeya hindú que es el *Mahabharata* leemos:

El que se ha liberado mora en su propia naturaleza y toma lo que le viene; libre se halla de lo que debe hacerse o lo que ha sido hecho; imperturbable en toda situación, liberado del deseo, no recuerda lo que hizo ni lo que dejó de hacer.

Reverenciado, no siente deleite; menospreciado, no siente ira; la idea de la muerte ni lo agita ni lo contenta la perspectiva de una larga vida.

La persona cuya mente ha encontrado la paz no se precipita hacia la sociedad humana ni a las espesuras del bosque. En felicidad vive en cualquier parte y en toda condición.

El equilibrio interior obtenido se mantiene incluso ante la eminencia de la muerte. Sariputta era uno de los discípulos predilectos y más aventajados de Buda. Cuando presintió que iba a morir, reunió a sus discípulos y les dijo:

Si en algo alguna vez os he faltado, os pido perdón. Gracias por vuestra ayuda y confianza. Como el jornalero recibe su paga, voy a morir. No me importa vivir; no me importa morir.

Se sentó en meditación y se cubrió hasta la cabeza con su manto anaranjado. Discurrió el tiempo; pensaron los discípulos que seguía meditando, pero ya había muerto. Había muerto en calma, conscientemente.

Si no se sujeta la mente, ésta tiene una capacidad extraordinaria y llamativa para confundirnos. Lo mismo te puede hacer creer que estás muy enfermo aunque estés sano o que eres un mendigo aun siendo acaudalado. Engendra todo tipo de temores insensatos y le gusta enredar en todo momento. Aun cuando no tenga inconvenientes, tratará de inventárselos. Siempre encuentra el hueso seco que roer.

Si la mente no tiene problemas, ¿qué hará? Buscar problemas imaginarios y luego tener que hallar soluciones imaginarias a los imaginarios problemas. No le gusta parar, es un caballo desbocado. Cuando no hay miedos ciertos, crea sus miedos; si no tiene nada que temer, inventa sus temores.

Una mente que no nos ayuda es una mente que no sirve. Cámbiala. Los mentores dicen: «Si tu mente no te gusta, transfórmala». ¿Por qué seguir soportando una mente enemiga, una mente desequilibrada, una mente que no le desearíamos ni a la persona más detestada? Hay todo un «programa» extraordinariamente diseñado y verificado para ir cambiando la mente. Es una estrategia muy hábil, ensayada y comprobada por los yoguis desde hace milenios. Cambia puntos de vista y actitudes; supera tus hábitos psíquicos nocivos; vigila tu mente, tu palabra y tus actos; adiéstrate psíquica y mentalmente; cultiva emociones saludables y estados mentales positivos que eliminen los aflictivos; sigue una genuina moralidad y perfecciona el discernimiento; pon los medios para conocerte y desarrollar el entendimiento correcto; vive sin dejarte vivir, actúa con consciencia y ecuanimidad; no te envanezcas, pero valórate en su justo medio. La senda está a tu lado, pero hay que entrar en ella y recorrerla.

Los grados del yoga

Hay siete eslabones que conducen al octavo, que es el samadhi o experiencia iluminativa. Son:

Yama

Es un conjunto de reglas morales que debe observar el practicante para cultivar la honestidad y no ser violento ni ejercer ningún tipo de violencia, no mentir o falsear la verdad, no robar, ser equilibrado sexualmente y no ambicionar. No-mentira. Estos preceptos tratan de abonar una ética genuina.

Niyama

Son preceptos de purificación, tanto interna como externa, los siguientes: higiene interna y externa, control o moderación, alegría o contento interior, pensamiento dirigido hacia lo Absoluto e investigación de uno mismo y de la última realidad.

Asana

Es la posición corporal. Cuanto más inmóvil y estable mejor para estabilizar a su vez la mente y favorecer la realización de las técnicas de pranayama y de unificación de la consciencia.

Pranayama

Se trata de la restricción o regulación de la respiración, que conlleva, además de una mejor salud y equilibrio psicosomático, el control de los automatismos de la mente. Mediante el pranayama el practicante le otorga salud a la mente, combate la agitación mental, empieza a unificar la consciencia y a favorecer la introspección.

Pratyahara

Pratyahara es la introspección, la desconexión de los órganos sensoriales para entrar en uno mismo, retirándole de su dinámica y evitando el pensamiento externalizante. Se ha traducido también por retracción sensorial, y permite la interiorización intensa.

Dharana

Es concentración. Se define como la fijación de la mente en un soporte con absoluta exclusión de todo lo demás, consiguiéndose frenar así los automatismos mentales, la dispersión y la agitación, y obteniéndose una corriente mental unificada.

Dyana

Representa la completa estabilización del flujo mental, una intensificación de la concentración que adquiere un carácter de máxima estabilidad y absorción mental.

Pratyahara, dharana y dyana se denominan eka-grata, que quiere decir intensa unificación mental, que cuando alcanza su cenit desencadena la experiencia del samadhi en menor o mayor grado e intensidad.

Al entrar el samadhi, el yogui obtiene una experiencia muy profunda y cósmica de ser, que cambia la cualidad de su consciencia.

Ya hemos hablado del entrenamiento mental, siempre necesario para la conquista del equilibrio interior y la madurez emocional. El yoga proporciona una ingente cantidad de técnicas para llevar a cabo con la mayor solvencia tal ejercicio y hacer así posible la Sabiduría que transforma, libera, ayuda a completar la evolución. Recurramos de nuevo al sabio Shankaracharya:

De entre todas las causas, la Sabiduría es la única que proporciona la Libertad perfecta. Así como sin fuego no hay conocimiento posible, la Libertad perfecta no puede lograrse sin Sabiduría.

El yoga nos brinda un cuerpo impresionante de técnicas para reorganizar la psique, estabilizar la mente, drenar el subconsciente, activar las consciencia, eliminar las ataduras mentales y procurar sosiego y lucidez. Son las técnicas psicomentales y psicoemocionales del yoga, que cuentan con miles de años de antigüedad. Todas ellas van propiciando el equilibrio interior, en la medida en que van potenciando por un lado los factores de autodesarrollo e iluminación (energía, atención, ecuanimidad, contento interior, sosiego, lucidez, etcétera) y por otro ayudan a debilitar o eliminar las emociones negativas, los pensamientos insanos e incluso las denominadas raíces de lo pernicioso, como la ofuscación, la avidez y el odio.

El yogui va construyendo en sí mismo un centro

especial de consciencia muy alerta e imperturbada más allá de los fenómenos o sensaciones gratos o ingratos, pudiendo así mantener su equilibrio afincándose en el centro de consciencia, que lo es a la vez de inteligencia primordial, quietud y poder interno, al que va contribuyendo la práctica asidua de la meditación; ello le permite a la persona ser mucho más ecuánime en cualquier circunstancia exterior o situación interna, toda vez que el practicante aprende a estabilizarse en su fuente de armonía y a no dejarse confundir con lo transitorio ni con los cambiantes decorados de la vida y de las sensaciones. Podemos leer en el *Adyatma-Ramayana*:

Es inútil alegrarse o entristecerse por un acontecimiento feliz o desgraciado, porque los decretos del Destino son inevitables, incluso para los demonios y los dioses. No podemos evadirnos jamás del placer ni del dolor, porque el cuerpo, que es un producto de las buenas o malas acciones, es transitorio por naturaleza. Después del placer, el dolor; después del dolor, el placer. Las criaturas no pueden evadirse de ellos, como no pueden evadirse de la sucesión de los días y de las noches. Se hallan íntimamente unidos, como el lodo y el agua.

Por eso los Sabios, conscientes de que todo es solamente ilusión, permanecen inmutables y no se entristecen ni se alegran por los acontecimientos desgraciados o felices.

Eso no quiere decir que el sabio o el yogui no intenten hacer lo mejor que puedan, pero tratan de mantener su quietud y equilibrio ante cualquier resultado que se presente, afincados en su centro de consciencia pura, vigilante e inafectada.

La práctica de la meditación yoga

Existen innumerables técnicas de meditación y contención del pensamiento en el yoga, pues no olvidemos que el yoga es básicamente método y por eso todas las psicologías de la realización de Oriente se han servido sistemáticamente de él desde tiempos inmemoriales. A continuación exponemos algunas de las técnicas más esenciales para el cultivo de la mente y el desarrollo del equilibrio interior; técnicas que nos ayudan a poner la mente bajo control y saber dirigirla, que ella no nos dirija a nosotros.

Estas técnicas pueden llevarse a cabo en una postura clásica de meditación bien sentado sobre una silla con el tronco erguido, tratando de conseguir la mayor inmovilidad posible. Se pueden elegir algunas de las técnicas que a continuación se detallan y ponerlas en práctica al menos a lo largo de diez minutos. Una sesión de meditación puede durar de quince minutos a una hora. Cada vez que uno compruebe que la mente se ha distraído, hay que tomarla con mucha energía y llevarla al ejercicio seleccionado. Hay que estar atento pero no tenso.

Incluimos en este apartado ejercicios de concentración pura, ejercicios de atención a la respiración y tres ejercicios de gran eficacia y poder transformativo y equilibrante, por ejemplo: la contemplación de los estados y procesos de la mente; la alerta serena y la meditación del silencio.

a) Ejercicios de concentración pura:

  1) Concentración en el entrecejo.
  2) Concentración en un punto luminoso.
  3) Concentración en una esfera de luz.
  4) Concentración en un disco de color.
  5) Concentración en un fondo negro.

b) Ejercicios de atención a la respiración:

  1) Contemplación del proceso respiratorio.

2) Atención a la sensación táctil del aire.

3) Atención al punto de encuentro entre la inhalación y la exhalación y viceversa.

4) Atención a la respiración con mentalización de sosiego.

c) La contemplación de los procesos mentales.

d) La alerta serena.

e) La meditación del silencio.

Zen y equilibrio

La vida de cada día

El zen es la vida natural, consciente, sin artificios, sin interferencias psicomentales. Es el vivir cotidiano, de instante en instante, captando la existencia en su fluir momentáneo, con la mente nueva y libre de encadenamientos conceptuales. Está más allá de toda filosofía, todo culto, todo sistema, toda ideología. Busca el desarrollo de una mente capaz de aprehender la instantaneidad en toda su grandeza, de adecuarse con espontánea y fresca precisión a las circunstancias, siempre renovada y receptiva, alerta, habitando por encima del conflicto y de la contradicción. Una mente directa que penetre en la intimidad de las cosas, que encuentre las reconfortantes conexiones de las partes con el todo, que se mantenga libre de filtros, de prejuicios, de ideas preconcebidas, de conceptos condicionantes. Una mente que puede desplazarse más allá del intelecto, útil pero limitado; que se proyecta a planos más elevados de inteligencia, que aprende a regirse por la intuición. Una mente que se libere de los grilletes de las etiquetas, los rótulos, los dogmas.

Y en busca de esa mente más armónica, equilibrada, madura y fecunda, el zen gusta de convertirse en irreverente, descarado, chocante y desconcertante. Para que el discípulo logre una mente así el maestro recurre a los métodos más sorpresivos, a la paradoja, a las exclamaciones inesperadas, a las acrobacias dialécticas e incluso a la bofetada y a la increpación despiadada. El zen quiere vapulear anímicamente al individuo para despertarlo, para quebrar sus rutinas internas, para descabalgarlo de su asfixiante lógica; golpea sus conceptos más apreciados, sus concepciones más queridas, sus puntos de vista más sólidos. Lleva al aspirante contra las cuerdas, lo acosa, lo instiga, lo acorrala. Barre ideas y convencionalismos; aniquila esquemas; nos previene contra las resistencias psicológicas, las proyecciones psíquicas, los subterfugios y los mil modos de evasión que utilizamos y nos alejan de nuestra autonaturaleza o naturaleza búdica.

Cuando cogemos un vaso de agua fresca y deslizamos el agua por nuestra boca, sintiendo vivamente el agua fluyendo por nuestra garganta, entonces hay zen. Pero en el mismo momento en que pensamos que es agua y el agua está fresca, y nos dejamos envolver por la dinámica mental, y conceptuamos y analizamos, el zen desaparece. Porque el zen es la experiencia directa, inmediata, sin filtros ni viejas asociaciones, sin que intervenga la mente llena de experiencias pasadas, de oxidadas vivencias, de deformadoras cicatrices. Si te encuentras frente a esa gran montaña, silente y receptivo, la montaña en ti y tú en la montaña, sintiendo y viviendo la montaña, viéndola como tal, experimentándola como ella misma es, entonces estás viviendo en el más puro zen. Pero si interviene todo aquello que tu mente ha acumulado durante años, si se desatan los procesos mentales de comparación y distinción, si analizas y reflexionas, si se desencadenan los torbellinos discursivos, entonces, ¿dónde está el zen? Se ha disipado como el humo se escapa de las manos.

Bombardeados por las impresiones sensoriales desde el momento en que venimos a este mundo, blanco de todas las influencias del exterior, sometidos al medio ambiente familiar, social y cultural, nuestra mente va acumulando dato tras dato, punto de referencia tras punto de referencia, y conceptos, muchos conceptos, dogmas, ideas. Y todo ello se va almacenando en la trastienda de la mente, condicionándola, mediatizándola, falseando sus percepciones, frustrando todo conocimiento supraconsciente, cerrando el paso al equilibrio interior y deformando, además, la cognición.

El zen, con sus singulares y llamativos procedimientos, pretende desmontar todo ese mundo interior adquirido y artificial; destruirlo para construirlo en base a una mayor autenticidad; remodelar la esfera psicomental; reorientar las potencias internas; obtener una forma nueva de ver las cosas, de asumir los acontecimientos, de percibir la existencia. Por todo ello, el zen pretende liberarnos incluso de aquellos conceptos que podamos tener por más elevados.

Cuando el maestro descubrió al discípulo reverenciando a Buda, le reprendió severamente. Asombrado, el discípulo preguntó:

—¿Acaso no es laudable reverenciar a Buda?

—Sí —repuso el maestro—, pero es mejor liberarse también de las cosas laudables.

El zen se afana en romper esquemas mentales que tanto constriñen, que obligan a la mente a dar el gran salto que la ubique más allá de sus vacilaciones, su incertidumbre, sus incesantes oscilaciones, su habitual inclinación a generar conflictos.

El discípulo se dirige al maestro para decirle:

—El invierno llega, llega el verano, ¿cómo haré para escapar a ellos?

—¿Por qué no vas donde no haya ni verano ni invierno? —pregunta el mentor.

—¿Y dónde está eso?

Cuando el invierno viene, tiemblas; cuando llega el verano, transpiras. He ahí el secreto: aceptar la vida, experimentarla lúcidamente, no adulterarla con automatismos del subconsciente, con engañosos y descontrolados conceptos, con fanáticas concepciones que sólo han traído dolor y tensión a la humanidad.

La auténtica libertad interior es la completa ausencia de vínculos, de ataduras, de elementos condicionantes. Según el zen, el individuo crea constantemente artificios, contradicción; es un producto psicológico, un resultado cultural, distanciado de su autonaturaleza o naturaleza real, incapacitado para ser guiado e iluminado por los dictados del lado luminoso de su inconsciente, siempre buscando fuera de sí mismo, alienándose, desequilibrándose, engarzándose en quimeras, incrementando ilusión e ignorancia, dejándose envolver por las apariencias, abortando sus mejores energías internas, desorientado pero lleno de ideas y conceptos; cegado por el agobiante pensamiento dual, danzando entre los opuestos (frío-calor, amargo-dulce), ignorante de la verdad que reside en sí mismo, corriendo frenéticamente en pos de falsas ensoñaciones, esclavo de su ego, incapaz de ver más allá de la burda personalidad.

Pregunta el discípulo:

—¿Dónde está el camino?

—¡Qué magnífica montaña!

—No os pregunto por la montaña, sino por el camino.

Y la respuesta del mentor es contundente:

—Mientras no puedas ir más allá de la montaña, no podrás encontrar el camino.

La persona se pierde en sus propios laberintos mentales y emocionales. Compulsiva, interiormente desintegrada, de espaldas al equilibrio interior, deteriorada mentalmente, se evade de continuo. Hasta en sus búsquedas espirituales tiende a la evasión. Busca un maestro que efectúe todo el trabajo interior por él, tiende a divinizar a aquellos de los que espera una instrucción espiritual, hace de la búsqueda espiritual un pasatiempo más, un medio para renovar su capacidad de asombro, un escapismo. El ser humano ha estado programado a lo largo de años, queriendo cambiar pero siendo el mismo, aferrado a su ego, viviendo anclado en el pasado y proyectado en el futuro, sin percibir en toda su intensidad el esto-aquí-ahora. Abstracciones, especulaciones filosóficas, elaboradas elucubraciones que no conducen más que a la desorientación y al despilfarro de las propias energías. El zen quiere romper con todo ello; nos insta a que arrojemos fuera de nosotros todo aquello que es adquirido; se muestra a veces como un «taladrador» que pretende calar hasta las profundidades de la mente para aniquilar todo lo que de residual en ella permanece. Así el maestro puede decir: «Cuando pronuncies la palabra Buda, enjuágate la boca». O también: «Si yendo por el camino te encuentras con Buda, mátalo».

Y cuando los discípulos preguntan por Buda, queriendo saber más sobre él, el maestro contesta de formas bien diferentes, pero todas ellas ambiguas, difusas, esquivas. He aquí algunas respuestas que se han dado:

Ni el artista más capaz podría pintarlo.
Él no es Buda.

La boca es la puerta del sufrimiento.

Una caña ha crecido atravesando la pierna.

Tres libras de lino.

No hay estupidez aquí.

Un raspador de basura completamente seco.

Aquí estamos, rodeados de montañas.

Y si el discípulo se interesa por la verdad, el maestro bien puede contestarle:

Si estamos sentados demasiado tiempo, nos cansamos.

Te lo diré cuando el arroyo de la montaña fluya hacia arriba.

Una pulgada de un pelo de tortuga pesa nueve libras.

Los dientes de la tabla tienen pelos.

El maestro no quiere influir en absoluto sobre el discípulo ni en uno ni en otro sentido. Ya hemos sido demasiado influenciados, mediatizados y programados como para que alguien siga haciéndolo. La verdad hay que descubrirla por uno mismo y conquistar el equilibrio interior. La última realidad debe brotar por uno mismo desde lo más genuino del ser. Ni religión, ni filosofía, ni enseñanza santa, ni verdad sagrada... Sólo la vida como tal, el existir cotidiano, la actitud interna zen. Sin esa actitud interna nada es posible; pero con ella todo cambia aun siendo lo mismo. Un giro en la mente, un nuevo punto de vista, la adquisición de una manera diferente de ver las cosas, una forma de consciencia directa y sin la interferencia del pensamiento binario, una instrumentalización de los hechos más triviales para acentuar y abrir la consciencia.

Se le pregunta al maestro:

—Todo el mundo tiene un lugar de nacimiento; ¿dónde está el tuyo?

El maestro responde:

—Esta mañana temprano comí unas gachas de arroz. Ahora, de nuevo tengo hambre.

Ya se han pronunciado en este mundo demasiadas palabras y el desequilibrio sigue reinando por doquier; ya se han inculcado demasiadas ideas, demasiados conceptos. Se han creado demasiadas divisiones, límites y fronteras, demasiados dogmas y fanatismos. Se mata en nombre de una idea y en nombre de una idea se explota y se denigra a los otros. El zen quiere que aflore la naturaleza pura del individuo, su genuina bondad; pero para eso tiene que darse una profunda mutación interior, una auténtica revolución mental que, haciendo tabla rasa de todo su contenido, pueda manifestar la autonaturaleza sana y constructiva de la persona. Vivir... ¿acaso no es suficiente? Pero vivir en armonía, equilibradamente, en consonancia con todas las criaturas vivientes, realizando la verdad zen sin subterfugios, a través de la vida cotidiana, sin aparatosidades externas, sin mascaradas.

—Maestro, ¿dónde está la verdad?
—Ve y lava los cacharros.

El maestro evita dejarse atrapar por las redes de la lógica de su discípulo, tendente a etiquetar, rotular, disecar. Evita la urdimbre del pensamiento conceptual. Porque el intelecto es insuficiente para atrapar las verdades de orden superior, porque la realidad escapa a la mente binaria, el maestro zen se sirve de paradojas, acertijos verbales y una insistente negativa a la conceptualización, una resistencia al simple análisis. El intelecto es imprescindible en la vida cotidiana para hacer posible el entendimiento con los otros, para las cuestiones diarias. Pero para llegar a la última realidad y al verdadero equilibrio interior, no basta con la comprensión intelectual, y el simple intelecto, según el zen, es incluso un grave obstáculo en el sendero de la realización de uno mismo.

La persona tiene que aprender a desaprender y a pensar por sí misma, libre de todo el bagaje cultural, sin trabas, sin estrechas y mezquinas miras, movilizando las más potentes energías internas. Estamos prisioneros de nosotros mismos, cautivos de nuestra rigidez interior, anímicamente anquilosados. Y cuando el discípulo le pide al maestro que le indique el camino de la liberación, el mentor pregunta:

—¿Quién te tiene prisionero?
—Nadie.
—¿Por qué buscas la liberación entonces?

Intelectualmente no se puede percibir la grandeza de una montaña, la frescura de las cantarinas aguas del río, la candidez de un ave, el canto del mirlo. Son otras percepciones las que deben funcionar y sólo en la medida en que la consciencia ha sido adiestrada y renovada es posible tal percepción superior. Y esa percepción está plena de misticismo, porque no se basa en la división, en la dualidad, porque en ella no hay separación, sino unión, fusión entre el sujeto de la percepción y el objeto de la misma. El lenguaje de los místicos, por no ser intelectual, es siempre el mismo, y muchas veces silencioso, pleno, con el espíritu del valle abierto y fluido; todos comparten la misma experiencia, todos sienten las mismas elevadas emociones.

El zen es la búsqueda de una afirmación superior, de una verdad absoluta que no puede estar sujeta a la relatividad de las urdimbres conceptuales, a las limitaciones del pensamiento ordinario, al artificio y las etiquetas. Si el zen niega, rechaza, se opone, es para encontrar esa afirmación superior que está más allá de la afirmación-negación, y para realizarla en uno mismo. Hasta en el acto más insignificante puede haber zen cuando la mente está lo suficientemente madura, cuando la psique permanece integrada, cuando la esfera anímica está equilibrada. Y ese equilibrio hay que llevarlo incluso a la contención, al control y al esfuerzo y no desmesurarlo.

Un grupo de discípulos van pasando en línea ante el maestro. Al primero de ellos el maestro le dice:

—Tú, control.

Al segundo:

—Tú, control.

Al tercero:

—Tú, control.

Al cuarto:

—Tú, descontrol.

Hay que saber conciliar los contrarios, los denominados pares de opuestos, armonizar, equilibrar. El cuarto discípulo era demasiado controlado.

Pregunta el discípulo al maestro:

—¿A qué hora del día haces tus prácticas?

El maestro responde:

—Si divides, no hay práctica.

El zen insiste en la posibilidad de rescatar la verdad a través de nuestra vida diaria, de ese fluir vital que puede ser grato o ingrato, según nuestra actitud interior, constructivo o destructivo, y cuya capacidad para formarnos y hacernos crecer depende exclusivamente de uno mismo. Toda la vida se convierte en una práctica meditativa, incluso lavar los platos, como dice el monje vietnamita Ti Nach Ham.

Si el zen se muestra irracional (mejor sería decir a-racional), radicalmente ilógico, absurdo, enigmático, sorpresivo, es para refrenar la actividad del intelecto (repetitiva hasta lo más monótono y enojoso) y permitirle que la experiencia directa afluya desde lo más hondo del individuo, sin barreras pensantes, sin obstáculos originados por el análisis intelectivo, por el continuo afán de discurrir lógicamente y sin intentar descubrir otros medios de comunicación, de comprensión, de conocimiento. Hay que captar la vida en toda su profundidad y en toda su sencillez, en su plenitud y en su grandeza, interiormente libre, sin compulsiones limitadoras, sin resistencias inhibitorias, viviendo el instante con fervor, experimentándolo con una mente fresca y sabia, joven y a la vez madura, con la serenidad propia de una visión superior, aceptando los acontecimientos inevitables, sin vernos atrapados en todo aquello que psicológicamente hemos ido acumulando, superando a cada instante la rutina, dejándonos impregnar por la vida y penetrándola, más allá del dolor y del placer y de las mecánicas reacciones de apego y odio, en un espacio de quietud a través del cual es posible una observación más elevada y serena, realmente armónica y equilibrada. Vivir en la realidad presente sin que intervengan experiencias anteriores que la adulteren, sin la sombra de la memoria incontrolable. Poder experimentar sin conservar, sin acumulaciones psíquicas, en renovada frescura, en constante evolución, en incesante aprendizaje, asiendo y soltando, viviendo cada momento como si fuera el primero y el último, sin estar pendientes del pasado y del futuro.

La mutación de la mente

Se requiere un profundo cambio en nuestra programada mente para comprender aspectos fundamentales de la existencia que nos pasan inadvertidos. El zen apunta a la naturaleza íntima del individuo, pero a través de la mutación profunda de su mente. Porque toda persona puede aspirar a una mente iluminada, que el zen puede desencadenar acorralando sistemáticamente la mente ordinaria, agrediéndola y bloqueándola, para que, constreñida en su campo de acción, pueda resurgir la mente iluminada, siempre nueva y penetrativa, que funciona por mecanismos muy diferentes a los de aquélla. Ininteligible, esquivo, provocante, ambiguo hasta la turbación, negándose a mostrarse como una religión o filosofía, asistemático, aparentemente nihilista, corrosivo al intelecto, el zen se empeña en adquirir medios de aprehensión muy superiores a los ordinarios, experiencias internas diferentes a las comunes, intuiciones búdicas que rompan el confinamiento mental. Así eclosiona la energía de la armonía, del verdadero equilibrio interior.

Sentir, pensar, vivir. ¡Ahora! Haciendo del instante un presente-eterno, sin apoyarse en vanas elucubraciones ni engañosos conceptos, siendo nosotros mismos y actuando desde nuestra naturaleza búdica, negándonos a ser un producto psicológico, el resultado de una incoherente acumulación de condicionamientos y datos; enfrentándonos a los problemas cotidianos, desconfiando de los extremos (que nos alejan de saludable equilibrio), valorando la experiencia directa, con los pensamientos justos, las palabras justas, en intimidad con nosotros mismos y con todas las criaturas vivientes, sin división, más allá de la dualidad, en la afirmación superior (trascendiendo la dualidad afirmación-negación) a cada instante, incluso en esos insignificantes hechos que les pasan inadvertidos a los demás, realizando y realizándonos.

Pregunta el discípulo:

—Maestro, ¿tengo razón en no tener ideas?

—Elimina esa idea —ordena el mentor.

—Pero si os he dicho que no tengo ideas, ¿qué tengo que eliminar?

—Naturalmente eres libre de seguir con esa idea de la no idea.

Únicamente si nos elevamos por encima de todos nuestros condicionamientos psicomentales podremos ser como conductos despejados porque la energía universal circula con entera libertad, encontrando una moralidad genuina y no convencional, saltando fuera del ego, recreándonos en la visión objetiva, sin implicaciones accesorias; un discurrir vital donde no existe conflicto entre el consciente y el subconsciente, entre la mente presente y la pasada, donde imperen las reacciones auténticas y no las neuróticas, capaces de obtener un conocimiento integral y no fraccionado. Y el maestro invita al discípulo a que viva zénicamente, a través de su naturaleza vital, en busca de una visión real de todo lo circundante y de sí mismo. El maestro no cede cuando el discípulo inquiere buscando respuestas concretas; ansía respuestas en términos lógicos y, por tanto, relativos.

Shen Hui preguntó a Hui-Neng:
—¿Qué práctica es menester seguir con el fin de no caer dentro de una categoría?
—Yo ni siquiera practico la Santa Verdad.
—En ese caso, ¿a qué categoría perteneces?
—Si la misma Santa Verdad no existe, ¿cómo pueden existir las categorías?

Desea el maestro que su discípulo rompa el encasillamiento mental, reactive su inteligencia creadora, provoque estados de consciencia intuitivos. Los hábitos mentales frustran la mente creativa y espontánea, impiden toda evolución, convierten al hombre en una máquina peligrosa.

El discípulo pregunta:
—Maestro, ¿qué dirías si viniera a verte sin nada?
—Arrójalo al suelo.
—Te he dicho que no traería nada.
—En ese caso, llévatelo.

Estremecer, vapulear, frustrar la mente ordinaria; esa mente deformada, generalmente falta de equilibrio y ecuanimidad, parcial e injusta, sedienta de poder, neurótica, enferma; la mente que se alimenta con proyectos, con ideas obtusas, con maquiavélicas intenciones, tendente sólo a cultivar el propio ego, distante de la última realidad que escapa a las burdas apariencias. Esa última realidad, que es la talidad de todas las cosas, no es aprehensible por la mente ordinaria, llena de adoctrinamientos, esquemas y patrones. Pero esa última realidad es la que busca el aspirante zen, y Bodhidharma se refirió a la doctrina diciendo:

Está vacía. No hay nada sagrado en ella. Hasta la etiqueta de sagrado sobra, porque limita, confunde, adoctrina.

Sólo una revolución mental sin concesiones preparará la mente para poder desencadenar una implosión de luz y de comprensión que cambie de raíz el universo interior del individuo. El zen sigue sus métodos singulares para despertar la naturaleza búdica, atacando todo razonamiento ordinario para que al soltar se haga pedazos la mente común y pueda surgir la mente zénica, pura, equilibrada y sin mezcla, espontánea y supralógica, libre de temores y ataduras, capaz de impedir que el individuo siga dependiendo sólo de su mente conceptual, que juega un papel en la vida, pero limitado, porque más importante que pensar es vivir y el pensamiento es a menudo fuente de conflicto, y donde hay conflicto no hay armonía, no hay equilibrio. Ello no quiere decir que haya alcanzado la mente zénica y emancipada, que no siga utilizando la mente conceptual y analítica, sino que dispondrá de unas formas de expresión, conocimiento, captación y comprensión ajenas a la mente ordinaria, y por supuesto superiores.

El discípulo pregunta:
—¿Qué es la verdad?
—Entra —responde el maestro.
—No logro entenderlo —protesta el discípulo.
—Sal —concluye el mentor.

Una mente transtemporal y transespacial, más allá de la contradicción, capaz de aprender cosas importantes a cada momento y saber vivir en armonía, sencilla y naturalmente, en equilibrio, sin fricción, sin artificios, sin clasificaciones, alerta, alerta, alerta.

Pregunta el maestro:
—¿Percibes la fragancia de las flores?
—Sí —responde el discípulo.
—Entonces, hijo, no tengo nada que enseñarte.

He ahí la gran verdad que se nos escapa: la fragancia de las flores, o el viento batiendo las ramas de los árboles, o esa nube en el firmamento que por sí misma no sabe ni del bien ni del mal, ni de dualismos ni de fórmulas, ni de lo grato o lo ingrato.

Nos indica el zen que la mente pura es aquella que está más allá de la mente pura y de la mente impura, aquella capaz de surgir cuando se da la conjunción de los contrarios, que es vacua y plena al mismo tiempo, intemporal, dueña de la más amplia y penetrante consciencia. Para que una mente así se manifieste en todo su vigor y espontaneidad son necesarios el trabajo interior, la disciplina, el coraje y el esfuerzo, la meditación. Hay que reconstruir una mente que se muere de vieja e inmóvil, una mente acartonada, coartada, mediatizada, contaminada desde sus comienzos, en una sociedad que ha perdido de vista las pautas de la verdadera sabiduría y que pone todo su empeño en las categorías, los valores subvertidos, los puntos de referencia equívocos, el poder aplastante, la competitividad que asesina la vida como tal y la convierte en un simulacro feo y mezquino. La verdad de las cosas, su esencia y alma, la verdad de uno mismo huye a una mente que es el resultado de sistemáticas malformaciones.

Pregunta el discípulo:

—¿Cómo puede uno estar siempre con Buda?

—No perturbes tu mente y mantén tu serenidad perfecta con respecto al mundo objetivo. Permanecer así todo el tiempo, en absoluta vacuidad y calma, es la forma de estar con Buda.

La realidad zénica nunca reside en los extremos, ni en los opuestos mentales, ni en la dualidad. Es el camino del medio, el equilibrio. Creamos con nuestro pensamiento conflicto, tensión, enfrentamiento continuo. Nuestro pensamiento nos atrapa, nos encadena a todo lo externo, impide nuestra íntima reconciliación, nos roba la paz y nos desequilibra. Por eso hay que abrir la mente a planos superiores, para que resida en la unidad, para que obtenga la visión de integración absoluta que tan bien han comprendido todos los místicos del mundo, cualquiera haya sido su ideología o su raza. Tiene por fuerza que haber una comprensión de orden superior que ofrezca el justo significado de una existencia aparentemente caprichosa, cambiante, antojadiza. Y esa comprensión está muy por encima de la mente ordinaria, o muy por debajo, pues conecta con lo más inconsciente y con lo supraconsciente. Dicha comprensión radica, para el zen, en el inconsciente o autonaturaleza, y se realiza a través del satori, que representa la iluminación. No es creando artificios como se obtiene esa experiencia, ni llenándose de datos y de normas, ni cultivando un ego hambriento de distinciones, sino que se hace uno merecedor de ello cambiando las estructuras psicomentales, madurando la mente.

—Maestro, ¿cómo haré para entrar en el sendero?
—¿Escuchas el ruido del torrente?
—Sí.
—Ahí está la puerta.

Una mente que no envejece, que no se ancla, que se renueva, nos indicará la puerta a cada instante y nos abrirá nuestra puerta interior, aquella que conduce al buda que reside en todos nosotros.

Pregunta el discípulo:
—¿Qué es la verdad?
—La vida de cada día.

En la vida de cada día sólo se aprecia eso: la vida vulgar y corriente de cada día, pero la verdad no se ve por ningún lado. Ahí está la diferencia, en que unos la ven y otros no.

Depende de nuestra mente, de su grado de evolución, de su mayor o menor receptividad, de su integración y su capacidad para ser siempre una y nueva, perceptiva y vigilante, armonizante con todo cuanto le llegue, y comprensiva, lúcida, espontánea, abierta y vibrante. La búsqueda de esta mente exige tiempo, pero es la garantía del equilibrio interior. Hay quienes quieren obtener una mente así en unos meses o incluso en unas semanas; hay quienes recurren a prácticas simplistas, sugeridas por equívocos líderes espirituales para alcanzar un estado de supraconsciencia en unos días de meditación. No hay métodos rápidos, y quienes los proponen engañan intencionadamente a los demás, prometiendo facilidades que no existen, que nunca han existido, que son inexistentes. Porque el camino para lograr la revolución de la mente, a través del yoga, del zen, del vipassana u otra enseñanza o técnica de autorrealización es complejo, largo y exige esfuerzo. La sabiduría perenne, perpetuada desde la noche de los tiempos, exige, además, un cambio muy profundo en la mente, una ética, una actitud, un comportamiento. Para poder hallar la verdad original que mora dentro de uno hay que despojarse de muchas cosas, liberarse del pesado equipaje de condicionamientos, patrones, esquemas y prejuicios. Todo ello impide el florecimiento de los mejores potenciales internos, de la creatividad y de la intuición existencial.

Pregunta el discípulo:

—Maestro, ya no tengo nada en mi mente. ¿Qué puedo hacer?

—Tíralo fuera.

—Pero si no tengo nada en la mente.

—Tíralo fuera.

Hay que ir hacia la experiencia pura, hacia el entendimiento correcto, hacia la más clara y profunda comprensión, que os muestre el rostro de Buda, que es nuestro propio rostro antes de haber nacido.

La iluminación zen

Todos los esfuerzos del practicante zen están encaminados a la obtención del satori, estado muy especial de la mente que obsequia al individuo con una nueva visión de todas las cosas; que hace posible el funcionamiento de la mente a un nivel muy elevado, y cuyas percepciones son totalmente diferentes de las habituales.

El satori representa la conjunción de los pares de opuestos y origina una mutación en lo más profundo del individuo. La experiencia satórica o iluminativa, si es auténtica, hace que muchas cosas cambien en el que ha pasado por ella. Porque el satori, que puede ser más prolongado o más corto, de mayor o menor intensidad, es un relanzamiento hacia las dimensiones supraconscientes, una toma de consciencia directa e íntima de la última realidad. Brota en la mente la sabiduría suprema, prajna, y el practicante experimenta una integración ni siquiera sospechada hasta entonces. Surge un nuevo punto de vista, una nueva forma de considerar las cosas, una apreciación diferente y enriquecedora de la existencia. El satori es una experiencia iluminadora que rompe con las limitaciones de la mente binaria, que proporciona la comprensión de los aspectos hasta entonces ignorados u oscuros, que libera interiormente y procura la visión esencial de las cosas. Toda dualidad cesa y hay una captación repentina de la unicidad.

El satori se presenta súbitamente, de modo abrupto, como una conmoción mental, como un potente relámpago. Y entonces el individuo experimenta un alivio que escapa a toda descripción, una apertura de la mente a realidades superiores, un sentimiento de plenitud e independencia. El ego es trascendido y se realiza el sunyata, la consciencia de lo vacuo. Se realiza la «budeidad» a la que todo ser humano puede aspirar, se alcanza la mente pura, sin mácula alguna, se extinguen las contradicciones, los conflictos, las incertidumbres. Es el equilibrio perfecto, la armonía auténtica. Se desencadena una nueva forma de consciencia penetrativa, intuitiva, libre de los pares de opuestos, dueña de una comprensión suprarracional. Es la mente objetiva, capacitada para comprender la unidad en la aparente multiplicidad, siempre imperturbada e inmaculada, renovada, profunda, instantánea, por encima de la memoria negativa. Todo se torna distinto, y porque cambia todo dentro de uno, cambia todo fuera de uno. Ya no hay dentro o fuera, tuyo o mío. Sólo unidad e integración, consciencia fusionada. El satori supone la reconciliación con uno mismo, la curación definitiva de las heridas psicológicas, la liberación de lo adquirido, la superación de la autopersonalidad. Pero no todos los satoris o golpes de intuición son iguales, pues varían en intensidad y duración. Lo cierto es que siempre se desencadena abruptamente, a modo de conmociones mentales intuitivas, como una ráfaga de comprensión profunda. Sólo se produce el satori cuando la mente está suficientemente madura para que ello ocurra, y entonces un gesto, por insignificante que sea, una palabra, un objeto visto, una circunstancia, puede desencadenar la experiencia iluminativa.

Mediante el satori el practicante experimenta repentinamente su naturaleza original; se abre el ojo de la intuición y se adquiere la sabiduría trascendental. Es una revolución psicomental, acompañada de una visión muy profunda y reveladora. El satori puede presentarse en el momento más inesperado si la mente está ya madura para ello. Hay una explosión abrupta de entendimiento clarísimo, más allá de los conceptos, que procura desapego, contento, equilibrio y mucha paz. Proporciona una nueva manera de ser y tomar las cosas, una gran armonía y comprensión.

Para el zen el satori puede ser obtenido a través de la vida cotidiana, no siendo necesario el aislamiento ni el quietismo. La siguiente historia es muy significativa:

Un discípulo recorrió una gran distancia para visitar a un maestro y pedirle la instrucción sobre la verdad. Las palabras del maestro fueron éstas:

—¿Por qué vienes hasta aquí a buscarla? ¿Por qué das vueltas por el mundo y desprecias el valioso tesoro que hay en tu casa? Yo no tengo nada que darte, y ¿qué verdad budista anhelas encontrar en mi monasterio? ¡Aquí no hay nada, absolutamente nada!

El zen aparta al discípulo de vanas abstracciones, de ideas que lo mantengan en su estado de semidesarrollo. Le enseña a hacer de la vida diaria un aprendizaje, a encontrar su centro en el fluir cotidiano y a hacerlo en cualquier circunstancia.

Seihei preguntó a Suibi:

—¿Cuál es el principio fundamental del budismo?

—Espera, cuando no haya nadie te lo diré.

Transcurridos unos minutos, Seihei insistió:

—Ahora ya no hay nadie. Por favor, instrúyeme.

Suibi situó a Seihei ante un bosque de bambúes y no dijo nada. Sorprendido, Seihei insistió y entonces Suibi exclamó:

—¡Qué altos son estos bambúes! ¡Qué bajos son los de allá!

Cuando la mente ha alcanzado el grado de madurez necesario, el satori se conquista en la plaza del mercado, paseando por una pradera o degustando una taza de té. Y entonces la persona descubre que desde el principio era un buda en potencia y comienza a emerger su mente original, su autoser o inconsciente. Tal inconsciente (que no hay que asociar en absoluto con el inconsciente al que hace referencia la psicología occidental) es la mente pura y elevada, la mente libre de los ordinarios procesos mentales, la mente que se guía por la última realidad y está libre de las fuerzas ciegas del subconsciente. Inconsciente porque se sitúa más allá de la consciencia ordinaria, porque no está constreñido por el ego, porque no puede ser mediatizado por todo lo acumulado a lo largo de los años. Es la mente intuitiva, suprarracional, equilibrada y clara, que reside en todo individuo, pero no es individual, sino transpersonal. El satori representa una experimentación directa del inconsciente, el autoser, como una afirmación de naturaleza absoluta y superior, sin su sombra de negación, allende toda dualidad. Y esa mente comienza a experimentarse cuando la mente ordinaria comienza a vaciarse de todo cuanto obstruye sus mejores energías y aborta sus mejores posibilidades.

Hay que mirar en la propia mente, pero cuando esté vacía de todo elemento perturbador. Ver en la propia mente vacía, capaz de reflejar la naturaleza búdica. Esa mente, que no es dual, cuando se libera de todo aquello que la ancla fluye como un río de creatividad fecunda y reveladora, fresca y vital, perceptiva e intuitiva. Al liberarse de la tiranía de los pares de opuestos puede elevarse por encima del conflicto, percibir directamente e ir madurando para hacerse merecedora del satori. Hay una notable sabiduría depositada en la mente que fluye a través de la meditación del silencio, emancipándose de artificios y clasificaciones, con su explosiva capacidad creadora, más allá de toda argumentación.

El trabajo zénico apunta hacia la naturaleza real de la persona, hacia su vacuidad primordial. Es la depositaria de toda la fuerza universal y ella misma el universo todo. Ésa es la mente del no-pensamiento (wu-nien), que no prejuzga, que se realiza de instante en instante, haciendo de todo un camino liberatorio (Do), una senda hacia el equilibrio interior y la autorrealización; que no distingue entre el yo ni el tú, que no falsea la realidad, que es intensa pero desapasionada y no se aferra a nada, que está en todo y es una, imperturbable. Y el satori es la penetración abrupta en esa mente creativa, que fluye como el río revitalizante cuando las barreras de la mente intelectual han cedido, que es inconsciente porque no es mía ni tuya, porque es todo sin partes, porque funciona libre del razonamiento discursivo, rigiéndose por pautas mucho más elevadas, ajena al ego y a la burda máscara de la personalidad, sin interferencias, porque es no-mente en realidad, sujeto y objeto a la vez, esto y aquello, inafectada, ni reverente ni irreverente, sin filtros, inasible como el vacío. Vacío supremo que sólo puede realizar y comprender la persona iluminada.

Las técnicas zen

El zen, como la mayoría de los métodos orientales de autorrealización, quiere conducir al aspirante hasta un plano de sabiduría, llevarle de la orilla de la ignorancia a la del conocimiento. Para ello el zen goza de sus propias técnicas, dispone de sus procedimientos para el autoconocimiento y ha incorporado asimismo a su sistema diversas técnicas yóguicas que puedan servirle al practicante para ir despertando a su naturaleza búdica. En todos sus métodos juega un papel de primera importancia la atención mental, porque ella, cuando ha sido adecuadamente entrenada y purificada, se convierte en llave para abrir la puerta a una visión más elevada.

En cierta ocasión un individuo se aproximó a Ikkyu para preguntarle:

—Maestro, ¿tendrías la bondad de escribirme algunas máximas sobre la más alta sabiduría?

El maestro escribió: «Atención».

Desconcertado, el hombre preguntó:

—¿Eso es todo? ¿No vais a escribir algo más?

El maestro entonces escribió: «Atención, atención».

Y el hombre, desorientado, dijo:

— En verdad no veo gran profundidad ni agudeza en lo que acabáis de escribir.

Ikkyu escribió entonces: «Atención, atención, atención».

Exasperado, el hombre preguntó:

—¿Se puede saber qué significa la palabra atención?

E Ikkyu repuso:

—Atención significa atención.

¿Por qué tenemos que explicar excesivamente las cosas y enredarlas? ¿Por qué prejuzgamos la verdad como envuelta en misterio y esoterismo? Nada tan claro como la atención, aunque la conquista de una verdadera atención mental exija no pocos esfuerzos y un largo adiestramiento. La atención de Ikkyu es aquella que es infinitamente superior al pensamiento como tal, aquella que puede surgir en una mente limpia de todo concepto, vacía de todo conflicto y dualidad.

Un discípulo le preguntó a su maestro al verle en actitud meditativa:

—¿En qué meditas?

—En lo que se encuentra más allá del pensamiento.

—¿Y cómo conseguir meditar sobre aquello que está más allá del pensamiento?

Y la respuesta concluyente del maestro fue:

—No meditando.

La atención mental muy desarrollada es la que puede conducirnos hasta la esencia de las cosas, hasta su núcleo y última realidad. Y en este sentido, el zen, a pesar de sus lacerantes métodos contra el intelecto, es eminentemente práctico. Busca y quiere aproximar al individuo a sí mismo, hacerle encontrar refugio en su propio ser, como enseñaba Buda.

Cuando el discípulo le pidió al maestro que le pasara el cuchillo, éste se lo entregó por el lado de la hoja. El discípulo, molesto, señaló:

—Ofrécemelo por el otro lado, por favor.

Y al pronto el maestro le preguntó:

—¿Y qué piensas hacer con el otro extremo?

Directo, práctico, el zen busca la experiencia personal, íntima, intransferible, y sus técnicas están todas orientadas en ese sentido.

El zen surgió en cierta forma contra el quietismo excesivo, por un lado, y contra la especulación filosófica, por otro. En su necesidad de proporcionarle al zen una mayor autoridad histórica, sus devotos consideran que procede directamente de Buda y remontan su origen a los sermones del Iluminado. Se nos dice que Buda había congregado a sus discípulos en un lugar llamado Pico de Buitre. Fue el suyo un sermón silencioso, pues de su boca no salió en esa ocasión palabra alguna. Nadie entendió la actitud de Buda, excepto Mahakasyapa, que esbozó una sonrisa porque él ya había entendido la doctrina, la afirmación de Buda sustrayéndose a las palabras, los conceptos, las abstracciones. Y siglos después un monje de rostro hosco y expresión feroz, el adusto Bodhidharma, definió la doctrina como:

Transmisión especial fuera de las escrituras; independencia de palabras y letras; apunta directamente a la mente del individuo; intuición de la propia naturaleza y obtención de la budeidad.

El singular personaje que era Bodhidharma, y que cortó sus párpados por dormirse mientras meditaba, tuvo una especial entrevista con el emperador de China, que había colaborado activamente en la difusión del budismo en su país. El emperador preguntó al encontrarse frente al adusto monje:

—¿Qué mérito os he conseguido con ello?

—¡Absolutamente ninguno!

Asombrado, el emperador hizo otra pregunta:

—¿Cuál es el primer principio de la doctrina?

—Todo está vacío; no existe nada sagrado.

Irritado, el emperador dijo:

—¿Y quién eres tú para presentarse aquí ante nosotros?

Y el monje repuso sin vacilar:

—No sé.

El zen surgía como un intento por romper todo artificio, todo sistema preestablecido, todo procedimiento que robara vitalidad al individuo y frescura a la vida. Incluso por tal razón, los primeros maestros se negaban a la meditación quietista; abogaban por una actitud meditativa, en base a la máxima atención y vigilancia durante la vida cotidiana. Algunos mentores consideraban artificial el hecho de sentarse en una postura de meditación.

Los primeros maestros zen imprimieron a la enseñanza toda su asombrosa fuerza creativa haciendo gala de su intuición, su penetración, su afán por mantener continuamente renovada la mente de los discípulos, adiestrándola en la actitud equilibrada ante la vida, en la visión sosegada y ecuánime. Ridiculizaban intencionadamente el pensamiento conceptual, sorprendían al discípulo con sus malabarismos verbales, le enseñaban a conquistar la mente incondicionada mediante el trato diario, informal y natural, sin severos procedimientos, sin estrictas reglas, sin una rigurosa e impuesta disciplina, aunque podían llegar a ser brutales al impartir la enseñanza. Pero todo ello era posible en sus comienzos, cuando un puñado de discípulos convivía con el mentor y él tenía todo su tiempo para mostrarles el espíritu del zen con una palabra, un gesto, un elemento de la naturaleza, el animalillo que corría por el campo o el sugerente ruido de la cascada. Con el transcurso del tiempo, el zen se institucionalizó y una de sus escuelas implantó el sistema koan, por lo que hubo que recurrir forzosamente a técnicas de meditación para equilibrar la mente y desencadenar su naturaleza iluminada. Muchos de estos métodos de meditación fueron tomados del yoga y de la tradición theravada del budismo.

Todas las técnicas de adiestramiento mental del zen están encaminadas a que el practicante obtenga la visión esencial (kensho) que le haga conocer su naturaleza búdica. Las técnicas van poco a poco madurando la mente para que ésta se encuentre lo suficientemente preparada como para poder percibir la naturaleza iluminada que yace en la mente profunda y vacua.

La meditación zen se denomina zazen, que significa zen sentado. Aunque el zen debe ser siempre llevado a la vida cotidiana y mantenida su actitud y espíritu durante las actividades diarias, el aspirante se sirve del zazen para estimular su búsqueda y acelerarla, para desarrollar gradualmente su consciencia zénica y progresar hacia el kensho. Esa consciencia zénica no debe ni puede ser adquirida mediante el análisis, la reflexión o el pensamiento ordinario. Por eso el zazen insiste en la superación del pensamiento discursivo e invita a la adquisición de una mente vacía, receptiva, muy alerta. Hay que obtener una imperturbable serenidad, una atención mental libre de toda interferencia, que pueda percibir la naturaleza búdica.

Hay varios tipos de zazen: shikan-taza, zazen sobre la respiración y zazen sobre el koan. Todos los tipos tienden a equilibrar y armonizar la mente, sosegarla y despertar la intuición.

l) *Zazen shikan-taza:* todo tipo de zazen va persuadiendo a la mente para que pueda percibir el autoser o naturaleza real y conquistar la sabiduría o prajna. Eso será posible cuando se desencadene la experiencia satórica, que, suprarracional e intuitiva, independiente de cualquier proyección psicomental, objetiva e iluminadora, coloque al individuo frente al Universo, a la Talidad.

El shikan-taza es seguramente el zazen más natural, pero también el más difícil, en el que más coraje se requiere y mayor esfuerzo. No se nos entrega otro soporte para la atención mental que el deseo perseverante, ferviente, casi suplicante, de que se manifieste la naturaleza búdica.

Adoptada la postura de meditación, se fomenta la esperanza intensa de que el satori acabará reproduciéndose, confiando en las propias energías y fuerzas, con una indestructible fe en que uno mismo es una naturaleza iluminada, con todas las energías orientadas hacia la última realidad, sustrayéndose a cualquier idea que no sea tal, a cualquier deseo, con gran intensidad pero sin tensión, alimentando el anhelo de iluminación pero acallando la mente, con la motivación de despertar, anhelando que se manifieste el kensho. Hay que ir silenciándose por dentro, estar muy atento pero no tenso, paciente, movilizando el anhelo de iluminación.

Quieto, silente, apacible y confiado, esperando sin tensión, la atención muy viva, la motivación inquebrantable, la mente libre de ideas y discursos, alerta, el individuo espera. Pueden ser muchos meses, pueden ser años. Pero no se trata sólo de que venga el satori, el ejercicio es excelente para estar en sí, cultivar la atención en el presente, equilibrar la mente y sosegar el ánimo. Sin duda durante la práctica los pensamientos brotarán en la mente, pero no hay que implicarse en ellos, sino dejarlos transcurrir, sin entrar en conflicto con los mismos, viéndolos como algo aparte de uno, sin prestarles atención. La mente se irá apaciguando poco a poco, surgirá un estado de ánimo más calmo y las energías fluirán hacia el despertar de la consciencia.

El shikan-taza no es el zazen más fácil ni mucho menos para los principiantes, pues exige mucha voluntad, por lo que puede uno comenzar practicando otras formas de meditación para llegar después a ésta.

2) *Zazen sobre la respiración:* la toma de consciencia de la respiración es un procedimiento de cultura mental utilizado comúnmente por las escuelas budistas y por el yoga. A través de la atención a la respiración se va conquistando una consciencia muy intensa y libre de todo concepto llamada munen musó.

a) Zazen susokukan:

Adopte la postura de meditación. Respire lenta y sosegadamente. Al inspirar cuente mentalmente 1 y al exhalar 2; al inspirar de nuevo, 3, y al exhalar, 4, y así sucesivamente hasta llegar a diez. Al llegar a diez empiece a contar otra vez desde uno. Vaya siguiendo mentalmente el curso de la respiración, muy atento, libre de ideas en lo posible, en el aquí y ahora. Practique durante veinte o treinta minutos, atento y sosegado.

Una vez perfeccionado este tipo de zazen se puede pasar al siguiente:

b) zazen zuisokukan:

Adoptada la postura de meditación, respire lenta y uniformemente. Inspire y al exhalar cuente 1; vuelva a inspirar y al exhalar cuente 2, y así sucesivamente hasta llegar a 10, entonces debe empezar de nuevo a contar desde 1.

El zazen sobre la respiración alerta la mente, fortalece la concentración, equilibra el ánimo, unifica los contrarios mentales, acalla los procesos de la mente y prepara para los restantes tipos de zazen.

3) *Zazen sobre el koan:* se adopta la posición de meditación, se toma un koan y se utiliza como soporte de la atención, tratando de resolverlo, pero con la constancia de que la resolución no es lógica y de que el koan es un medio para bloquear la mente ordinaria y que pueda brotar una mente intuitiva, libre de los pares de opuestos. El enfrentamiento con el koan crea mucha tensión, para que la mente ordinaria deflagre y brote una mente a-racional e intuitiva. Es un trabajo duro, pues el koan martillea una y otra vez la mente, sin piedad, y hay que poner toda la energía para poder «atravesarlo» y resolverlo suprarracionalmente. La práctica es muy intensa. No es sólo enfrentarse al koan durante la práctica de la meditación, sino también mientras uno está fuera de la misma y lleva a cabo su vida cotidiana. Es el maestro el que da el koan al discípulo, pero a falta de ello también se puede seleccionar uno de los koans tradicionales. Ya hemos hecho referencia a algunos, pero incluimos otros:

—Maestro, ¿cuál es la única palabra?

—¿Qué dices?

—¿Cuál es la única palabra? —insiste el discípulo.

Y el maestro concluye:

—Has hecho dos de ella.

El discípulo le pregunta al maestro:

—¿Qué es el gran Nirvana?

—Apresúrate.

—¿En qué debo apresurarme? —pregunta intrigado el discípulo.

Y el maestro dice:

—Mira el torrente.

Un discípulo le preguntó al maestro:

—¿Qué es el Tao?

—Entra.

—No comprendo —repuso el discípulo.

Y el maestro dijo:

—Sal.

Los siguientes koans son muy clásicos:

• Todos sabemos cuál es el sonido de dos manos al ser chocadas, pero ¿cuál es el de una sola mano?

- Todo puede reducirse al uno, pero ¿dónde puede reducirse el uno?

- Un hombre introdujo a un ganso en una botella cuando éste era pequeño. El ganso creció. ¿Cómo hacer para sacarlo de la botella sin matarlo y sin romper el recipiente? La respuesta es: ¡ya está fuera!

Consideraciones sobre el zazen

A) El zazen debe practicarse en una postura de meditación, con la columna vertebral erguida y la respiración lenta, preferiblemente abdominal. Hay varias posturas clásicas, pero puede elegirse una que resulte más confortable y estable; hay que evitar moverse durante la práctica.

B) Los ojos deben permanecer abiertos, sin que observen nada en concreto.

C) Una sesión de zazen debe durar alrededor de cuarenta minutos, pero el shikan taza exige sólo veinte minutos.

D) Si la sesión de zazen se repite, es conveniente pasear durante unos veinte minutos antes de ejecutar la siguiente, pero esos veinte minutos también hay que permanecer atentos.

E) Durante la práctica del zazen hay que evitar la somnolencia, cerrar los ojos, la tensión física o mental, la identificación con los procesos mentales y la dispersión mental.

Conclusión

La ingeniería emocional estriba en ir de tal modo articulando la esfera emocional que ésta pueda procurar sosiego, lucidez, afectividad sana, sentimientos y emociones laudables y constructivos, humor estable, ánimo presto, afectos genuinos y contento interior. Para ello hay mucho que «desaprender» y un provechoso aprendizaje que observar. Se requiere motivación y disciplina y un trabajo sobre uno mismo para desenraizar las reacciones emocionales nocivas, potenciar las emociones bellas y madurar emocionalmente. Uno mismo se convierte en su propio terapeuta, en el artífice de su cambio emocional, en el reeducador de su sistema emocional, lo que redunda en beneficio propio y en el de los demás. ¿Qué surge de las emociones nocivas que no sea desdicha? Pero en cambio, del cultivo de las emociones positivas brota contento, satisfacción y bienestar. Uno puede hacer mucho sobre sí mismo, frenando y debili-

tando sus emociones nocivas y potenciando las benefi-
ciosas. Mientras haya emociones nocivas y estados mentales negativos, no puede verdaderamente haber en la
persona equilibrio ni armonía. Hay que poner todo el
empeño en suscitar y fomentar emociones constructivas,
y el mismo empeño, si no más, en debilitar las nocivas.
Es en este sentido, como dijo Buda, que uno se hace el
bien o se hace el mal, que uno acarrea un montón de cosas buenas o de cosas malas. ¡Cuánto hemos sufrido y
hemos hecho sufrir por ceder a las emociones nocivas!
¡Cuánto nos hemos perjudicado y perjudicado a los demás por ello! Si lo reflexionamos un poco, el mundo sería totalmente distinto si fomentáramos y expresáramos
emociones sanas, si nos dejáramos inspirar por sentimientos hermosos y si tratáramos de conciliar nuestros
intereses con los de los otros y no en satisfacer sistemáticamente los nuestros en detrimento de los de los demás. Del mismo modo que apreciamos las emociones sanas, maduras y provechosas en los otros, valoremos las
propias, desarrollémoslas y expresémoslas abiertamen-
te, obsequiándoselas a los otros. Pero para poder hacerlo tendremos que madurar, y eso requiere:

• Trabajar interiormente sobre uno mismo para facilitar la evolución consciente.

- Observarse para irse descubriendo y finalmente conociendo.

- Ejercitarse en el dominio de los pensamientos para no dirigirlos más que hacia el despertar de emociones bellas y no de emociones insanas, y para evitar retroalimentar con los mismos las emociones nocivas.

- Experimentar cómo las emociones sanas nos hacen sentirnos dichosos, contentos, satisfechos, integrados psíquicamente, maduros y cooperantes, y cómo las insanas nos provocan malestar, desdicha, alteración psíquica y egoísmo.

- Recurrir a la voluntad y ponerla en marcha, con energía y sin desfallecer, permaneciendo en el intento por cultivar las emociones sanas e inhibir o transformar las insanas, con firme resolución, paciente pero diligentemente.

- Evitar arrogarse tanto emociones sanas como insanas, aprendiendo a verse uno tal cual es, aceptarse, y desde esa aceptación comenzar a modificar actitudes.

- Potenciar los más bellos sentimientos que puedan palpitar en el alma de la persona, permitiendo que eclosionen las energías de compasión e indulgencia.

- Resolver esos conflictos internos que provocan hábitos emocionales nocivos; aprender a digerir esas frustraciones que desencadenan emociones insanas; superar carencias emocionales y modificar los hábitos emocionales perjudiciales.
- Combatir el odio mediante la compasión; la avidez mediante la generosidad; la envidia mediante el contento por los éxitos ajenos; la inarmonía mediante la ecuanimidad.

Mientras el ser humano no venza la balanza hacia las emociones positivas, los sentimientos bellos y las reacciones emocionales constructivas, todos nos seguiremos dañando a nosotros mismos y a los demás y seguiremos haciendo bueno ese antiguo adagio de que «este mundo sin el ser humano sería un paraíso», o aquel otro de que «este planeta es el manicomio de los otros planetas». Las emociones nocivas son las responsables de todos los odios, divisiones, conflictos sociales, desmesurados apegos y aborrecimientos, desigualdades espantosas e injusticias sin límite. Pero si logramos que la ofuscación sea vencida por la lucidez, conseguiremos que las emociones insanas vayan perdiendo terreno y las emociones sanas empiecen a transformarnos individual y colectivamente. Cada uno tiene que convertirse en el ingeniero emocional de sí mismo para construir un andamiaje emocional maduro, estable, fecundo y cooperante. Hermosas, sugerentes, inspiradoras y reveladoras son unas palabras del *Dhammapada* que deberíamos siempre recordar:

«El perfume de las flores no se propaga contra el viento, como tampoco la fragancia de la madera de sándalo, del rododendro o del jazmín, pero la fragancia de la persona virtuosa se esparce contra el viento. La de la persona virtuosa se expande en todas las direcciones».

Y la verdadera virtud, la que configura el arte del noble vivir, es la que nace de la compasión, la lucidez, la ecuanimidad y la acción correcta, como el loto florece en las aguas sucias y pestilentes y nada puede empañar su prestancia.

1 646964674